教えて、修造先生！

心が軽くなる87のことば

松岡修造

集英社文庫

はじめに

こんにちは。**ネガティブ人間、松岡修造**です。

僕のことを、「できるできる」と常に言っていて、24時間ポジティブだと思っている人が世の中に多いかもしれませんが、それは大きな勘違い！　では、そう見える松岡修造は何なのか？　**ネガティブをポジティブに脳内変換した松岡修造です。**

本当の僕は、生粋のネガティブ人間。なにごともマイナスにとらえる人生を送っています。基本は「できない」「無理だ」からのスタート。小学生のころから、テストのたびに「いい点が取れないいんじゃないか」と悲観的になり、国語の授業の音読ではあまりの下手さに極度の「苦手意識」を持って当てられないように隠れていました。テニスにおいては周囲から「才能がない」と言われ続けて、常にネガティブゾーンに落ち込んでいた。高校時代にはテニスから逃げて麻雀《マージャン》に夢中になり、ラケットを2カ月持たないという「心の弱さ」を発揮。プロテニスプレーヤー時代を含めて、試合で最初から「勝てる！」と思ったことは一度もありません。テニスに関しては「僕には才能がなかった」と今では声を大にしてはっきりと言えます。

そして、**今もネガティブな根本は変わっていません**。テレビの収録や講演会の前は、緊張で手が凍るほど冷たくなります。トークがうまくできなかった失敗の記憶がよみがえることもしょっちゅう。この本を読めば、僕がどんなにネガティブかがよりわかるはずです。

ただ、**僕は、ネガティブをよくないことだとは思ってないんです！**　なぜなら、ネガティブだからこそ、今の僕があるから。ネガティブが僕を強くしてくれた。今の僕の強みはすべてネガティブから出発しています。**ネガティブだからこそ、悩んでいる人の気持ちに心から共感し寄り添うことができるうえ、ネガティブ思考に陥る原因に気づき、改善を繰り返すことで成長できた。**

どうやってネガティブをポジティブ、そして強みに変えているのか？　その**具体的な思考のプロセス、「脳内変換術」がこの一冊に詰まっています**。

「できない」と思ったとき、昔はその次に出てくる言葉もネガティブでしたが、今はすぐにポジティブな言葉に変えることができるようになりました。これは、実は完全なるテクニックによるもの。その方法論を僕はテニスやメンタルトレーニングから大いに学びました。また現在さまざまなアスリートの話を聞き、一流の方々の思考習慣も参考にしながら**〝ネガティブ修造〟から〝ポジティブ修造〟に日々変換**しているのです。

もちろん僕独自の方法論ですので、皆さんがそのまま実行してもうまくいかないこともあるかもしれません。ただ僕の考えに対して、ときにつっこみ、ときに共感しながら、自分の考え方、行動によるネガティブの変換法を見つけるきっかけにしてもらえたら、これほど幸せなことはありません！

この本は女性誌「ＢＡＩＬＡ」（バイラ）で連載したコラムをまとめるかたちでつくりました。皆さんのお悩みに答えるコラムを通して、僕が無意識に普段行っている思考のプロセスを初めて言葉に具現化した部分も多く、僕自身も改めて自分を知ることができた一冊となりました。

この本を読んで、僕のことを生粋のポジティブ人間だと思っていた人が、**本当の僕は常にネガティブから出発して、試行錯誤の末にポジティブに向かっている**ことに気づき、自分にもできると思ってもらえたらうれしい限りです。

松岡修造

目次

はじめに 3

第1章 ネガティブからの出発 19

第2章　セルフメンテナンス　87

第3章　自分の心の声を聞く

教えて、修造先生!　心が軽くなる87のことば

第1章　ネガティブからの出発

Q

やる気が出ず、やらなければいけないことをつい後回しにしてしまいます

憂鬱になるほどオレは本気なんだ！

A

「松岡さんのように本気になるにはどうすればいいですか？」

僕が本当によく受ける質問です。皆さんに〝熱血〟と思われることが多い僕ですが、〝松岡修造は24時間本気〟は誤解です！ **本当の僕は、やらなくてはいけないことを前にすると憂鬱になりやすい**タイプ。気がつけば「あーやらなきゃ」の連続です。たとえばスポーツでは、練習が憂鬱。毎回きつい。でもやらなきゃいけないからやる。もちろんやれば自分の成長につながることはわかっています。でも憂鬱なものは憂鬱。

と、ここで、そんな憂鬱な状態からいざ何かを始めるときに何が起こるか？　思い描いてください。やらなきゃいけないけど憂鬱な業務を始める瞬間の自分を……。「よっしゃ」「いっちょやるか」そんなかけ声が聞こえてきそうじゃないですか？　そうなんです。憂鬱からのスタートにはいつも以上に強い本気が必要になってくるのです。これが大事。**嫌々だったり、そこそこの本気では乗り越えられないのが憂鬱の壁。それを乗り越えて進む心には本気がある！**　だから「あーやらなきゃ」と思ったらすぐ、「憂鬱なほどオレは本気なんだ！　すごいことをしようとしてるんだ！」と声に出して自分に言い聞かせています。

この瞬間が僕にとってとても重要。本気になるかならないかの運命の分かれ道だからです。もし僕が「嫌なことはあとでやればいいや」とか「なんとかなるさ」と思ってしまったら、間違いなく本気にはなれない。でもその憂鬱なことに向かって逃げずに一歩踏み出せば、すごいことをしている、本気になっている自分の姿に気づくことができる。**自分で自分を本気の入り口に立たせているん**です。

僕の実情、わかってもらえましたか？　日々何をするにも、一回一回本気エンジンを憂鬱なかでかけまくり、空吹かしも多い。失敗もしまくる。でも地道にエンジンをかけ続けて進んでいくしかない。これが本音。**憂鬱は僕の本気バロメーター**でもあるのです。憂鬱バンザイ！

Q

将来に対する不安な気持ちに押しつぶされそうです

求める心の準備はできているか!?

A

よく考えたら世の中に不安じゃない人なんていないですよね。人間は欲しいものを手に入れても満足することなく、次々と欲求や不満、不安が増えていく生き物。だからこそ不安とどうつきあうかが大事になってくる。

僕は、**不安を感じるときは**、**自分が何をしたいのか**、**自分の心が求めているものが定まっていないとき**だと思っています。何を求めていいかわからないからこそ、不安を感じる。その不安が不安を呼んでふくらみ続け、負のスパイラルに陥る。だからまずは客観的に自分を見てブレた軸を直すべく、**自分が何を求めているのか心の声に耳を傾ける**。その脳内変換スイッチの言葉が「求める心の準備はできているか!?」なのです。〝求める心〟とは、自分がやりたいことを求める前向きな心のこと。自分が何を求めているのかがわかれば、何をすればいいのか具体的に見えてくる。そうすれば不安にのみこまれずに自分を信じて前に進んでいけるはずです。

しかも、求めるものがはっきりしていて、それを**求める心の準備ができていれば、大事な出会いを逃さずものにできる**。たとえば、僕にとって大きな出会いといえば「テニス」と「妻」ですが、どちらも早からず遅からずの絶妙なタイミングで出会えたと思っています。それは僕の心がそのときそれをメチャクチャ求めていたから。そして求める準備もできていたから。出会いはあなたの周りに山ほどあります。ただ、ぼんやりしていると必要な出会いに気づかず通り過ぎてしまうかもしれない。求めるものも曖昧、だから出会いも逃す……。これでは不安はどんどん大きくなるばかりでしょう。

それが仕事上の問題であっても、遠い将来でも同じこと。**不安は実体のないところに**

やってきて、感じるほど増えていく。なんとなく不安なんていうのはまさにその象徴。だからブロックするためには、自分のやりたいことをしっかり定めて、求めるプラスのエネルギーで心の中をいっぱいにしておくしかない。僕も新たに増える不安の種と日々向き合っていますが、**「求める心」を盾に前に進んでいきたい**と思います。

Q

完璧主義で、小さな失敗に落ち込んでしまいます

クヨクヨしてヨクヨクなろう！

A

僕も失敗したらクヨクヨするし、落ち込んだらなかなか復活しないタイプです。でも、決してマイナスなことではなく、貴重な成長のきっかけ。**クヨクヨをヨクヨク（よくよく）にする、逆転の発想が大切です！**

僕は、完璧主義が悪いことだとは思いません。成功するアスリートはだいたいそうです。細部まで考え抜く完璧主義の人は、理想と違う結果になったとき、なぜそうなってしまったのか、どうするべきだったのかがすぐわかる。自分に足りなかった点が具体的

に見えてしまうからこそ、より自分を責めて落ち込んでしまうのではないでしょうか。でもその考え方は「気持ちが入っていなかったから」と感情論で終わらせてしまうより、ずっとポジティブになれる可能性を秘めています。

僕が仕事において、どのくらい完璧な理想に到達できているかというと、実は3割ぐらい。できなかったぶんだけ毎回反省し、落ち込みます。

でも、**クヨクヨすればするほど次は失敗しない**。「あのときこう言って大失敗した」と強く記憶に残ったぶんだけ、「次のインタビューでは絶対に繰り返したくない。もっと準備して、違う方向から質問しよう」と考える。今、クヨクヨからポジティブに変わったのがわかりました？（笑）　クヨクヨクヨクヨクヨクヨクヨと言い続けて気がつくとヨクヨクになっているように、僕にとって**クヨクヨすることは「何ができた？　どうすべきだった？」と前に進む具体的なアイデアを生み出す源**。未来のための引き出しを増やす感覚。だからクヨクヨしないようにしようなんて思いません！

失敗によって増えた引き出しは、同じ失敗を繰り返さないだけでなく、あらゆる仕事の対応力を磨く助けにもなっています。なにごとも○○でなければいけないという考え方でいすぎると、失敗を恐れた答えしか出てこなくなっちゃいますよね。僕にとって、これまでのたくさんの失敗は、引き出しの多さにつながっている。要は僕の強みになっているんです。

大切なのは、〝失敗した過去〟ではなく、〝失敗の先にある未来〟に向かってクヨクヨすること。クヨクヨしたぶんヨクヨクなりましょう!

Q 何に対してもつい面倒くさいと思ってしまいます

面倒くさいと思ったらガッツポーズ!

A

やらなくちゃいけないことって、だいたい面倒なことが多いですよね。正直に言うと努力も面倒くさいですし、仕事においても面倒くさくないことは一つもない。ごめんなさい。面倒くさいと言いすぎました(笑)。でも僕は**〝面倒くさい〟と思う気持ちを大事にしています**。

人は何に面倒くさいと感じるのか? 身長を10㎝伸ばすとか10歳若返るといった、不可能なことには感じませんよね。明日までにこの資料を読んだほうがいいけれど面倒くさいといった、基本的に自分ができることに湧く感情なんです！　そして、面倒くさいと同時にモヤモヤしませんか？　「ここでラクな道を選びたいけどそれでいいのかな」という迷いや、これくらいやればいいだろうというあきらめ、本当はここまでやらなきゃいけないという焦り。面倒くさいとひと言で言っても、いろんな感情が混ざっている。つまり、**面倒くさいと思ったとき、自分ができること、したほうがよいことを実はちゃんとわかっているん**です。

正しいことに気づいて、〝できる〟ととらえているんだから、まずはガッツポーズで喜びましょう。僕の場合、次に行うのは、過去の経験から学んだことを生かして「**その面倒くさいことが何のためになるか**」をさまざまな角度からとらえ直すこと。

僕は中学時代、テニスに集中していて勉強がおろそかになった時期がありました。ひと言でいうと面倒くさかったんですね（笑）。23時に練習から帰ってきて勉強するときに僕はテストで何点を取ればいいかを計算して、そのための勉強しかしませんでした。

最低ラインさえクリアしておけばいいと思っていたんです。でもそのときに「勉強がスポーツにプラスになる」ととらえられていたら、もっと頑張れたと思う。面倒くさいと思うことは基本的にできることなので、乗り越えられるかどうかはとらえ方の差。だから、それをすることが自分にとってプラスになるという情報を一つでも多く自分に与えることが有効だとこの経験から学びました。

面倒くさいと思うことは実は成長のチャンスです。確実に伸びしろがある証拠ですから。面倒くさいと思う自分をもっと褒めてあげましょう。

Q プライドが邪魔をして、失敗が怖いです

偽プライドで着飾るな!

A

ある程度キャリアを積むと、失敗が許されないように感じたり、何でも失敗から学べばよいという新人のような心ではいられなくなります。

でも僕から見ると、**人からこう見られたいという、表面的な自分を守るためのプライドは“偽プライド”です!** では本物のプライドとは何か? 辞書を引くと「自尊心、誇り」とあります。何かうまくいかなかったときに、ごまかしたり言い訳をするのは本当の自分に嘘《うそ》をついているので、自分を尊んでいません。周囲はだませても自分はだま

せない。取り繕うことで逆に自分を傷つけているともいえます。**偽プライドを持つことは、一見プライドが高そうで、実は最もプライドがない状態**かもしれません。

という僕も、偽プライドをなかなか手放せなかった一人。誰だってできれば失敗したくない。自分を正当化したいときだってあります。しかも偽プライドは、ときに自分をよく見せてくれるし自分を守ってくれるからやっかい。ただ僕の経験上、偽プライドは長続きしません。言い訳をして自分はできるんですよと見せることには限界があるし、取り繕っているうちに自分が嫌いになっていく。あるとき気がついたんです。**失敗したときは失敗したと認めたほうが、前に進みやすいし自分を好きでいられる**ことに。

そして、失敗した自分を正直に認めることで、初めて「正しい方向に自分をコントロールする〝成長した自分〟」と出会えた。失敗した自分を認めたほうが成長できるのだとわかったとき、目の前の失敗を恐れずに挑戦したいと思う自分がいました。その思いを支えていたのは**自分に正直になる心＝自尊心。これこそが本物のプライド**なのだと感じました。

僕は周囲からよく一所懸命だと言われていますが、今では「実は全然一所懸命ではありません」と正直にさらけ出せる。できていないからこそ、僕はプライドを持って「一所懸命になるにはどうしたらよいか?」を本気で探し続けているとわかったからです。

そして、本物のプライドを持った今、自然とモチベーションが湧く喜びを感じています。

Q

現状に不満があり、このままでいいのか悩んでいます

SWITCHで一歩踏み出せ！

A

SWITCHとは英語で〝切り替える〟の意味。現状に満足できないとき、僕はネガティブな視点を切り替えるためにこの言葉を思い浮かべます。現状に不満があっても、視点を変えるとプラス面が隠れていることが多い。**ネガティブな現状をどうプラスに置き換えるかで、一歩踏み出せるスピードが大きく違ってきます。**

たとえば、僕は人前で話すのが苦手で極度に緊張する小心者の一面があります。大事な本番前に「ここまできたらどうにかなるさ」と開き直ることができる人がうらやまし

い。僕の場合どうにもならないから（笑）。テレビや講演会、テニス合宿などでの僕のトークは尻切れトンボ節炸裂《さくれつ》で「修造ワールド」と言われることもしばしば。なんとかしたい……。

　そこでＳＷＩＴＣＨ！　小心者は、気が小さいゆえに「こうなったらどうしよう」と先回りして、考えなくていいことまで考えがち。でも待てよ、だからこそあらゆるリスクを想定して準備できる性格とも言えるんじゃないか？　**現状を見る目を、マイナス面＝「小心者」からプラス面＝「最強の準備ができる性格」に切り替えた**わけです。

　すると「それならば、強みを生かして準備しよう」と、一歩踏み出すことができました。そこからは練習あるのみ。１００回、２００回練習したらひとつの型になり、ミスしようと思ってもできないくらいになりました。トークの練習を繰り返すうちに工夫するという進歩も出てきて、それが〝伝える力〟につながることを実感。臨機応変に対応できるように、わざと集中しにくい状況をつくって、たとえば自宅のリビングで子どもが話しかけてくるなかで練習することもあります。

現状を変えたいという思いは成長のチャンスです。なぜなら自分の心からの声はいちばんのモチベーションの源だから。本気の証拠なんです。それをマイナスな受け止め方によって、不安や迷いだけを抱え込んではもったいない。チャンスをピンチにしかねません。現状に不満を感じている**「今はチャンスなんだ」と意識的に受け入れられる見方を探すことが、未来への一歩**です！

Q

いったん怒りを感じると、うまく抑えることができません

今が怒りMAXだ！僕は心に火をつけません

A

僕にとって**「怒り」はモチベーションを下げる最大の敵**。怒りのマイナスパワーはすごいですよ！　ケンカのあとに何かをしようと思ってもまったくやる気になれない。それならケンカしなければいいって？　それはそのとおりなのですが……。やっぱり人間はどうしても自分を守りたいんですよね。カチンときたら、カーンと返す。お互いに勝ちたくて、負けないように防御するから必然的にヒートアップ。さらに「あのときもあ

なたはこうだった」と言い出したら最後、過去の記憶が火に油を注いで、小さな火種がみるみる山火事になるから侮れない！

そこで、日々モチベーションを下げる怒りを何とかしたいと自分の怒りを観察してみました。カチンときてもグッとガマン。すると意外な発見が。しばらくすると少し怒りが収まったんです！　より時間がたつとさらに収まった。そのとき僕は気づきました。**カチンときた瞬間が怒りのMAX地点**なのではないか。**MAX地点で自ら点火するから怒りが大きくなる**のだと。人間だから怒りの感情を持つのは仕方のないことです。でも自ら自然鎮火を妨げているのでは？　僕が変わらないといけない、と思いました。

そこでできるだけ自分を冷静にさせる言葉を見つけようと考えたのが冒頭のワード。脱力感満載でしょう（笑）。この軽さがポイント。「怒りに絶対火をつけないぞ！」と構えると、余計にイライラしてしまうもの。鈍感になることも大事です。

怒りは6秒待てば収まってくるといわれているので、感情的になりかけたら、まずは目の前の6秒をやり過ごすために、心の中で「ありがとう」と言ってみるのもいいかもしれません。怒っているのになんでありがとう？　と疑問に思うかもしれませんが、まずはシンプルに「ありがとう！」、そして「自分の怒りが収まってきたことにありがとう！」、そして「その場が平和になったことにありがとう！」。きっと「ありがとう」が、怒りと上手につきあえる自分に導いてくれるはずです。

Q

上司に叱られ、落ち込みから復活できません

苦言はいちばんの褒め言葉

A

　叱られたり、苦言や忠告を受けたとき、落ち込んだりイライラすることは誰もが経験すると思います。でも、僕にとって**苦言はモチベーションの源**なんです。なぜかというと、叱られる裏側にはきっと期待があると思うから。**もっとできると褒められているのと同じこと**だととらえています。だから苦言を呈してくれる人には、まずありがとうと言いたい。

　こう思えるようになったのは、自分が叱る立場になってからです。叱るときってすご

くエネルギーがいりますよね。僕はジュニアのテニス指導で、叱るときに最も注意を払っています。**僕の叱るルール1は「叱る相手が本気で変わりたいと思っていること」**。そして**ルール2が「相手にどう伝わるかを考えながら入念にリハーサルすること」**。言うシチュエーションやタイミング、言ったあとの相手の表情を想像して、大丈夫かどうかを確認してから、いざ本番へ。感情に流されないように気をつけながら、その人がよくなるためにどうすればよいかを真剣に考え抜く。こんなに手間のかかることはありません。すごいね！　と単純に褒めるほうがよっぽど簡単。相手も気持ちいいのはわかっている。でも成長してほしいと願ったときは苦言になる。**心からその人のことを認めているからこそ苦言になるんです。**

でも言われる立場になるとしんどいです。誰でも言ってほしくないことや、苦言が的を射て正しいときほど素直に受け入れにくいですよね。頭ではわかっていてもカチンとくる。僕の場合、妻に言われたときがそう（笑）。そんなときは「叱られている自分」に焦点を当てず「苦言の内容」を冷静にキャッチする。そうすると「妻のほうが正しい。

僕のために言ってくれている」と納得することが恥ずかしながらほとんどです。

年を重ねるほど正面から苦言を呈されることは少なくなっていくもの。だからこそ、数少ない苦言を大事にしたい。**苦言を受け止めて前向きな一歩を踏み出せる自分でいたい**し、自分が苦言を呈するときも裏側にある〝期待が伝わるコミュニケーション〟を心がけたいと思っています。

Q

努力しているのになかなか結果に結びつかずくじけそうです

今日の褒めポイントは何だ？

A

頑張っているのに結果がついてこない時期は、**次のステップにジャンプするために体をかがめてパワーを蓄えているとき**かもしれません。スポーツでも新しい技術を習得するときは必ず停滞期＝スランプに陥る。ただ、その時期は、止まっている裏側で成長しているんです。だから大丈夫。「頑張っているね！」と自分を褒めたうえで、今はステップアップの準備ととらえましょう。

停滞期に最も大事なのは、今の自分を褒めること。勢いに乗っているときと停滞しているときでは、停滞期のほうが頑張っていることが実は多いんです。でも結果が出ないときほどいちばんいいときと比べてしまう。そのギャップに「なんでダメなんだろう？」とどんどん自分を責めるようになって、地道な努力ができなくなる。最高のときの自分と比べるとちょっとしたことでは喜べなくなるからうれしさがないいんですね。頑張っているという感覚がない。それがいちばん怖いことなんです。**自分を否定し始めるとモチベーションも下がり続ける**。

だから今の状況で少しでも「頑張っているね！」と自分を褒められる要素を全力で探してください。ポイントは決して**自分のいちばんよかったときと今を比べない！**　今までの最高の自分と比べていると落ち込む以外ないですから。たとえば僕は現役時代にトレーニングを頑張っているとき、たとえ試合で結果が出なくても腕立て伏せを30回できたら、前向きな言葉で「よくやった！」「これを一つ一つやっていこう」と日記に書き続けていました。前向きな言葉をかけると自分の気持ちが上がってくるんですよ。このとき間違っても「こんなことやっていて何になるの？」などとは言わないように。どんなに小さなことでも「いいぞ！」「よくやった！」「頑張っているね！」と大いに褒めましょう。

頑張るのは自分がやりたいことや目標に近づくためだから、そのプロセスはどんなときも本当は楽しいはず。**小さな頑張りを実感し、楽しい瞬間を増やしていくことが、モチベーション維持につながる**と思います！

Q

自分の弱さを人に見せるのが怖いです

弱さをさらけ出したら強さに変わる!!

A

僕も以前は自分の弱さを人に見せたくなかった。でも今は、弱さを見せることに抵抗がありません。**いいときも悪いときも、自分に正直でいることがいちばん。**弱い自分も強い自分も全部自分だから。弱さを隠して本来の自分の力は発揮できません。自分の弱さを認めてさらけ出したときにこそ前進できる。大事な場面で勝負を分けるのも、この弱さをさらけ出せるかどうかだと確信しています。

でも初めは勇気がいりますよね。そのヒントが**リオ五輪競泳で金・銀・銅3つのメダルを獲得した萩野公介《はぎのこうすけ》選手**のインタビューにありました。

ロンドン五輪の個人メドレーで銅メダルを獲得したとき、僕は萩野選手のことをサイボーグと呼んでいました。論理的に早口で話すインタビュー姿はまるでマシン！　練習に人一倍熱心に取り組み、結果も出して弱さがみじんも感じられない。本当に人間なの？　と疑うほどでした。

ところがその後、彼は世界大会でなかなか勝てなかった。加えて海外合宿中に負傷し大事な試合に出場できず、これ以上ない罪悪感と挫折を経験。そんなとき平井伯昌《ひらいのりまさ》コーチに言われたそうです。「**弱い自分を、ありのままの自分を出せ。かっこいい自分を見せようとするな**」と。それまで彼は自分の弱さを隠していたんですね。そんな彼が、「僕は性格の根本となる部分がとても弱いんです。隠してましたけど（笑）」と言うまでに変わった。

そのきっかけとして先輩の北島康介《きたじまこうすけ》選手の存在も大きかったそうです。大会前の合宿で同室になった北島選手が、すべてをさらけ出す姿を見て、「北島さんってこんなに自分に正直なんだ」と驚いた。と同時に、自分の弱さもさらけ出しながら、ここぞという勝負を制していく姿に、**大事なときに勝つのは自分に嘘をついていない人**だと感じたそうです。「だってしょうがないじゃないか、弱い僕も僕なんだからとふっ切れてから、ものすごく楽しくなってきた」と話す萩野選手に真の強さを感じました。

オリンピック選手と同じ心の強さは簡単には手に入らないかもしれません。でも**僕は弱さを乗り越えるプロセスはみな同じ**だと思っています。

Q

自分の得意分野にしかやる気が湧きません

苦手意識にLOVEアタック！

A

誰でも、不得意な仕事や気の合わない人とのコミュニケーションなど、苦手意識を持っていることには、無意識に二の足を踏みがち。

僕はそんなとき、**苦手なことを〝好き〟と周囲に公言する！** ここで大事なのが克服するんじゃなくて、ただ言うだけ。言うだけならすぐできる。そんなことをして平気？と思うかもしれませんが、苦手意識は自分の思い込みであることが多い。それに他人には心の中までは見えないから大丈夫です。

たとえば僕はテニスの現役時代、バックハンドの低いボールを打つことが苦手でした。背が高いので低い体勢で打たないといけないのですが、ケガによりひざを深く曲げることができなかったのです。それにもかかわらず「あなたのベストショットは？」と聞かれたら必ず「バックの低いところです」といちばん苦手なショットをいちばん好きと答えていました。

すると何が起こったか？　まず、**好きと何度も言ううちに自分の脳に刷り込まれて、本当に好きなんじゃないかと思うようになったんです**。言葉の影響力は想像以上に大きいです。「好きだと言っているんだし、きっと打てるに違いない」と根拠のない自信を持って、バックハンドのボールに以前より積極的に向かっていけるようになりました。

そうなると次の段階として、好きだと公言している手前もあって実際にクリアする方法を探し始める。気がつくとトレーニング法や打ち方を試行錯誤しながらバックハンドの練習に時間を割いている自分がいました。苦手意識よりも、好きだからトライしたいという境地です。

何が言いたいかというと、**〝苦手意識〟と〝好き嫌い〟とは違うということ。苦手なことを必ず嫌いになる必要はない！**　苦手意識は実は分岐点。嫌いになると弱点にしかなりませんが、好きになったらその可能性は未知数です。数多くのアスリートがそうであるように、できないからこそ逆にやってやろう、とモチベーションが湧き、強みになる可能性もある。**その扉を開くのは〝好き〟という気持ち**だと僕は実感しています！

Q

根っからのネガティブ思考でなにごとにも消極的です

オレはイワナだ！　余計な味つけはいらない

A

僕も、ネガティブで消極的でメンタルが弱いです。

僕はこれまでいろいろなスポーツ選手を取材してきました。そのなかにはまれに、生まれながらのポジティブ思考の人もいました。そういう人を天才と呼ぶのでしょう。でも、ほとんどの選手は僕と同じように、多くのことをマイナスにとらえてしまう。頑張りたいと思っても「なんだか不安」「私には無理そう」など。一生不安のなかで生きたい人はそれでもいいかもしれませんが、僕はやっぱりネガティブから抜け出したかった。だからこそ現役時代から、どうしたらポジティブになれるかを長年トレーニングしてきました。

そしてたどり着いた考えが、「**ポジティブ思考は、テクニックで身につく**。そのテクニックとは、前向きな言葉、自分のエネルギーになる言葉を言うこと」。たかが言葉、されど言葉です！　**自分が発する言葉は自分の血となり肉となり、思考を左右する**。**いい意味で脳をだますんです**。それに気づいてからは、苦しいとき、弱い自分に負けないように、前向きな言葉で自分を鼓舞してきました。

ということでイワナなのですが、食べたことありますか？　イワナって余計な味つけをせずに食べたときがいちばんおいしいと思いませんか？　中身で勝負してるでしょ。中身がいいから、それを引き立てるシンプルな味つけ、塩ひとふり程度がいちばんおいしい。

僕は人間も同じだと思う。イワナと同じように余計な味つけなんて必要ない、と。たとえば、**他人と比べて無理をしたり、自分をよく見せようと背伸びをしたり……それは全部いらない余計な味つけ**。偉そうに言っている僕も、周りが気になるし、自分をよく見せたいし、余計な味つけと日々闘っています。そのたびにこの言葉、「オレはイワナだ！」（笑）。**不安になったり、自信がなくなったときこそ、一度ありのままの自分で勝負する**。勝負するうちに、「本当の自分」や「自分に足りないところ」が見えてくる。すると、自分のどこを磨けばいいのかが見つかるんです。

この思考が僕にとって、ネガティブから抜け出す方法になっています！

Q 仕事に対するモチベーションがまったく上がりません

何のため、誰のために頑張ってるんだ？

A

モチベーションという言葉を辞書で調べると「動機を与えること、動機づけ」とあります。つまり、**モチベーションが上がらない状態とは、行動に移すための動機づけがうまくできていない状態**ということです。

ロンドン五輪では、対照的な動機によって高いモチベーションを維持した二人の選手がいました。〝自分のため〟を貫いた水泳の北島康介選手と〝日本のため、チームのため〟に頑張った体操の内村航平《うちむらこうへい》選手です。

一人目の北島選手はアテネと北京五輪で金メダルを獲得した直後、次のロンドン五輪に向けてモチベーションを高められない時期がありました。そんななか単身でアメリカへ渡り、今までとは練習方法が違う、言葉も通じない環境にあえて一人で飛び込んだのです。その姿は〝周囲の期待にこたえるため〟ではなく、純粋に〝水泳が好きな自分を探すため〟の挑戦に僕には見えました。その結果、**一度ゼロになったモチベーションを〝自分のため〟と動機づけし直して、見事に取り戻した**のです。3連覇は逃しましたが、レース後に「これが僕の今の泳ぎです」と言った彼の表情は、僕の知っているなかで最も生き生きしたいい顔でした。〝自分のため〟のモチベーションには限界がないことを彼から教わった気がします。

もう一人の内村選手は対照的に〝他者のため〟にどん底からモチベーションを高めました。金メダルを期待されながら、団体戦では結果が出せず銀。彼は、その後の個人総合で大きな決断をしたのです。それが、金メダルのために、自分の鉄棒の演技から大技を抜くこと。何度も世界選手権を制した王者の彼にとって、最高の舞台で自分の大技を削ることはいちばんしたくなかったはず。でも〝自分のため〟でなく〝周囲の期待にこたえる〟という明確な目標があったからこそ削ることができた。僕はそう思いました。震災後の日本を励ましたい、負傷したチームメイトのぶんまで頑張りたいという〝他者のため〟の動機が金メダルへのモチベーションにつながったのだと。そして見事に彼は金メダルを獲得しました。

明確な動機づけはまさに脳のやる気スイッチです！

Q ハードルが高いとすぐに無理だと思ってあきらめてしまいます

無理×無理＝できる！

A

継続は力なり。わかってはいるけれど難しい。たとえばトレーニング。つらいし面倒くさい。でも動ける体づくりのためには不可欠だから逃げられない、と思って頑張って始めてもしばらくすると「もう無理」と思う瞬間の連続です。

そんなときどうするか？　我慢せず無理って言っていい。その代わりもう一回無理と言う。2回言うんです！　そうすると「無理×無理＝無理が無理なんだからできる」ってことになる！　マイナスもかけ合わせればプラスになる、と思っています。**無理だと**

思う瞬間は正直になっていい。そのときできなくても、続けているうちに、できるようになればいいと言いたい。

僕は今まで数え切れないほどトレーニングに挫折しました。そこに共通するのは、最初から目標を高く設定しすぎたこと。人間、最初からきちんとやろうとすると続きません。学んだのは、**小さくてもいいから続けられることを探す！** ことです。

僕の継続キーワードは「面白い＆驚き」です。数年前に僕の心をとらえたのがエクササイズDVDのビリーズブートキャンプ。初めて見たときの衝撃が大きかった。ビリー隊長の周りでは、運動が苦手そうな人も一緒に頑張っているじゃないですか。僕も一応アスリートだったよなぁと悔しくて入隊（笑）。その次は、体幹を鍛えるバレエエクササイズ。DVDのバレエの先生が何度も同じきつい動きを笑顔でさらりとこなしていて、「この人スゴイ！」と強烈な刺激を受けました。

どちらも、初めはとんでもなく無理だと思う瞬間だらけ。でも続けていると無理が無理じゃなくなってくる。その**無理から無理じゃないところまでのギャップを埋める感覚**

にとてつもない充実感があるんです。徐々に体が変わっていくのを実感できて姿勢もよくなってくる。そうなれば、継続するのが楽しくなってくる。繰り返し言いますが、小さくてもいいから続けられること、これこそが大事なポイントなのです。そこにこそ未来のモチベーションのヒントが必ず隠れています！

Q 常に後ろ向きでピンチや逆境に弱いです

Why? よりもHow? で、内側に入って勝負しろ!

A

僕も日々後ろ向きな自分と向き合っています。感情のまま落ち込む「問題から逃げたい自分」と、早く気持ちを切り替えて「問題の解決に向かいたい自分」が常にバトル。勝率は聞かないでください(笑)。

ただ数々の失敗から心がけているのが、マイナスな状況のときにどんな考え方をするか。**ものごとがうまくいかず心が後ろ向きなときほど、Why?(なぜ)よりもHo**

ｗ？（どうやって）を意識して考えるようにしています。

僕は現役時代にケガや病気が続き、なかなか勝てないときがありました。そのときに「こんなに頑張っているのになぜ？」「なんで僕がこんな目に？」、考えだしたらキリがありませんでした。一見、〝Ｗｈｙ？〟は原因を探す問いかけのようでありながら、「あ〜もう、一所懸命やっていたのになんでだよ」とその状況に対する不満を表す言葉にもなる。〝Ｗｈｙ？〟を言い続けている間は、いつまでも問題の本質から目を背けて嘆いているだけで、前に進めない。なかには答えを見つけて反省できる人もいるかもしれません。でも僕にとって**苦しいときの消極的な〝Ｗｈｙ？〟は封印すべき言葉**だった。代わりに僕を救ってくれたのが〝Ｈｏｗ？〟です。

「どうやったらこのケガとつきあっていけるか？」

「どうやったら、今よりも状況がよくなるか？」

〝Ｈｏｗ？〟を使い出した途端、驚くほど心が前向きになりました。**〝Ｈｏｗ？〟は具体的な改善法を探す言葉**。だから自然と意識が問題の本質に向くのです。言葉を変えるだけで自分が何をすべきか気がつくことができました。この時期、僕は心が格段に強くなったと思っています。以来〝Ｈｏｗ？〟は僕にとって、苦しいときに気持ちを切り替えて問題と向き合うスイッチの言葉に！

問題の本質に目を向けるのは勇気がいりますが、**僕の経験では、ものごとが順調なときより、逆境を乗り越えて得たもののほうがずっと大きい**です。

Q すぐに緊張してしまうため、本番に強くなりたいです

本番に向かう心は「ちょっと食事に行ってきます」

A **僕はものすごく緊張するタイプ**です。テレビの生放送や講演会のような人前で話すときなどは、手が氷のように冷たくなったり、心臓の鼓動が聞こえることがしょっちゅう。現役時代はテニスの試合前も同じでした。そんな僕が最近始めた心がけがあります。それは、本番に「ちょっと食事に行ってきます」という気持ちで臨むこと。

きっかけは**リオ五輪で大活躍した体操の白井健三《しらいけんぞう》選手**の言葉です。以前、健三さんに

演技前の緊張をどのようにコントロールしているのか尋ねてみると「緊張しない」という驚きの答えが返ってきたんです。「**試合は、ごはんを食べる、トイレに行くのとたいして変わらないんですよ**」と。畏れ入りました。普段やっていることを本番でもするのだから緊張しないという考え方なんですね。確かに……と思いつつも、本番で成功したい、勝ちたいという思いから緊張し続けていた僕は衝撃を受けました。今まで僕は本番前に緊張するのは、人間の自然な反応だと思っていたからです。

どうやってその境地にたどり着いたのか？　どんな性格ですか？　と続けて尋ねたところ、「**自分の性格は〝勝ち好き〟**」と言う健三さん。よく言われる負けず嫌いとは180度違って、**こだわっているのは自分に対して勝つか負けるか**。だから自分を出し切ったうえで試合に負けるのは全然OK。負けから教わることもあると知っているので、負けが悪いとは思っていない。ただ、勝ちたい欲は人一倍強いんだとか。

逆に、たとえば自分ができる高難度の技を封印して試合に勝ったとしてもそれは健三さんにとっては負けになる。自分を出し切れるかどうか。**普段の練習も含めて常に徹底**

した自分との勝負をしているんです。だからこそ練習も本番も同じ気持ちで臨めるのでしょう。試合で負けても自分に勝つことがある。試合に勝っても自分に負けることがある。他人ではなく、自分との勝負に意識を向けられる人は、大事な場面でも「極度に緊張しない」「自分を信じられる」ことにつなげられるんだと思います。

だからこそ、自分が今できることをやり切った後は「ちょっと食事に行ってきます」の気持ちでいきましょう！

Q すぐに「できない、無理だ」と思ってしまいます

苦しいか？ 修造！ だったら笑え！

A

無理だと思うことを無理と思わないためには、どうしたら無理じゃなくなるかを考えて工夫しなくてはならない。失敗するリスクも伴う。とても苦しいことなんです。一方、無理と言ってしまえば、それ自体が理由になる。考える必要もトライする必要もない。だから失敗することもない。

でもそうやって**失敗しない選択を続けていくと、心が自然と失敗したくない、だから無理っていう方向に向かっていく。**それはよくないとわかっていても、実際、苦しいと

きに気持ちを切り替えるのはやはり難しい。

僕も、現役時代に「絶対にもう無理だ」と思うほどの危機に立たされたことがありました。それは僕がプロに転向して３年目のころ、初めて世界ランキングトップ１００の壁を破ったときに、両ひざを痛めて２度の手術を受けることに。治療後もネガティブな気持ちのまま、約１年試合に勝てない日が続き、あっという間に４５５位までダウン。ようやく復活しかけた試合で、今度は左足首をねんざして、３本ある靭帯《じんたい》をすべて切断しました。その後やっとの思いで再びカムバックを果たし、世界ランクが自己最高の46位まで上昇。その絶好調のさなかに、今度は伝染性単核球症というウイルス性の病気にかかり、３カ月もの治療を余儀なくされたのです。当時の僕は25歳。高熱が続き、絶対安静の苦しい日々。気持ちはどん底です。どうやって切り替えたらいいのか……悩みましたが、悩んでも現状は変わりません。

そこで僕がやってみたのが、笑うこと！　笑ったぐらいで何が変わる？　と思うかもしれませんが、**演技でも笑うと疲れも苦しさも吹き飛び、不思議と困難を乗り切る力が**

湧いてきて、手探りでもなにか行動を起こそうという気持ちになれた。安静中にも前向きになれ、本や講演、朗読のテープを聞いてメンタルを強化することができました。それ以来、僕は苦しいときほど笑うことを意識する。笑う演技で自分自身をだますのです。「できない、無理」と思ったらまず笑う。簡単だけれど侮れない、モチベーション自家発電法です!

Q

すぐにあきらめてしまい何かを達成したことがありません

真剣になれ！ 深刻になるな！

A

僕もしょっちゅうくじけそうになるタイプです（笑）。現役時代には、ショットが決まらなくて試合を投げ出したくなったり、ケガや病気でテニスができなくなって「なぜ自分だけこんなひどい目に遭うんだ」と運命を呪ったことも。スポーツキャスターになってからは、緊張のあまり言葉が出てこなかったり、インタビューに失敗して激しく落ち込んだり……。苦い経験をするたびに、あきらめそうな自分の心の弱さと闘ってきました。

そんな僕があきらめない心を高めるために大切にしているのが、「真剣に取り組むこと」と「深刻にならないこと」の二つ。

真剣に取り組むのは、集中ゾーンに入るため。集中ゾーンとは、いわゆる無我の境地。仕事でも勉強でも一つのことに集中していると雑念が消え、何時間も続けたわりには疲れなかったと感じた経験はありませんか？　それと同じ感覚で壁を乗り越えるのです。僕は、人間は真剣に取り組んでいるときにのみ、集中ゾーンに入ることができると考えています。

ただ、集中ゾーンにいつでも入れるわけではありません。なかなか結果が出ないこともある。そんなときは「深刻になるな！」の出番です。真剣だからこそぶつかる壁なのですが、「いくらやってもダメだ」という不安や恐怖が出てくると、どんどん負のスパイラルに陥ってしまう。困ったことに、「真剣」と「深刻」はとても近いところにあるのです。僕自身、試合中に深刻になることがよくあり、そのブレを直すために「真剣にプレーすることは、楽しんでプレーすることだ」と自分に言い聞かせて区別してきました。**試合に臨むアスリートが口にする「楽しみたい！」という言葉も同じ。「不安や恐れを払拭して集中ゾーンに入りたい」と言っているのです。**この場合の「楽しい」は、遊園地にいるようなウキウキした楽しさとはまったく違います。どちらかというと、つらくて苦しいことを楽しいと言い換えて脳をだましているのです。

あきらめそうなときは、どう集中ゾーンに入り楽しむかを考える。**あきらめない心は生まれ持った性格ではなく、自分次第で変えられるのです。**

Q

産後、仕事と育児の両立に限界を感じています

“できる”に向かってミッション遂行中！

A

出産は体に負担がかかりますし、今は職場に復帰してさらに頑張っている状況だから**まずは健康が第一**。赤ちゃんを育てることは、言葉では言い表せない愛情を24時間注ぎ続ける、僕から見ると人間わざじゃないすごい仕事だと思います。それをしながら会社で出産前と同じように仕事をこなせないのは当たり前。どうか落ち込まないでください。**コントロールできないことが多い子育てに毎日向き合う強さをすでに持っている**あなた

を、僕は心から応援しています！

そのうえで、時間や体力に制約があるなかで仕事の成果を出そうと思ったならば、**「どうすればできるか？」を具体的に考える**しかありません。理想のイメージは映画『ミッション：インポッシブル』の主人公であるイーサン・ハント。彼は、皆が「できない」と思っている絶体絶命のミッションを「できる」と思い、「どうすればいいか？」を探し求めて見事にやり遂げます。僕の場合は、彼のように最初から「できる」と思えないことも多いのですが、一所懸命、具体的な解決策を探して「これならできる！」と思える方法を見つけたときに初めてミッション遂行のスタートラインに立てる気がします。

難しいミッションであればあるほど、時間の質や集中力を高めるために、**今までの仕事のやり方を変えなければならない**可能性が高いでしょう。僕の経験からお話しすると、**取捨選択の「捨てる」作業が増える**感覚があります。ときには今まで細部まで完璧にこなしていた仕事を、要点以外すべて捨てる決断を求められるかもしれない。でもそれは僕にとって仕事の醍醐味《だいごみ》。なぜなら**困難なミッションを前にした状況だからこそ、質を高めた新しい自分と出会える**から。それは今までより進化した自分であり、仕事のやり方です。堂々と胸を張りましょう！

たとえ仕事で何か失敗することがあったとしても、あなたのことをわかってくれる人がいることは最高に幸せなこと。かけがえのない家族や仲間を味方にして、焦らずマイペースに前に向かって進んでください。

Q 成功する可能性が低いとやる気が起きません

可能性をハグして育め！

A

可能性が低いとき、「低い」に注目するとネガティブな気持ちになりますが、僕なら「可能性」に目を向ける。なぜなら**僕にとって「可能性」は超ポジティブワード**だから！　可能性はできる未来を描かない限り導き出せません。不可能ならば可能性はゼロですよね。

しかも可能性が「低い」ということは、現状を冷静に把握して、課題がたくさんあると理解できている。そのうえ、できる未来も描けているんです。なんとポジティブな状況でしょうか！

そんなに前向きにはとらえられない、可能性の「低さ」に目を向けてしまい、達成できる未来が想像できないという考え方もあるかもしれません。「可能性を信じる」だけでなく「現実を見る」こともももちろん大事です。ただ、僕は**すべてを受け入れたうえで、根本では自分の可能性を信じて前を向きたい**。

この境地にたどり着いたのは、僕の家族の応援がきっかけでした。テニスの現役時代、僕が1年間ケガで勝てなかったときに、周囲が皆「頑張れ、頑張れ！」と僕に声をかけてくれたなかで、家族はひと言も「頑張れ」とは言わなかったんです。うまくいこうがいくまいが、僕の可能性を信じてくれた。きっと最も頑張ってほしいと思っていたはずだけれど、**温かくやさしく、ハグするように前向きに見守り続けてくれた。それが僕を支えたいちばんの応援**でした。そのおかげで復活できたのです。そういった経験から、自分に対してその気持ちを持てばいいんだと学び、今に至っています。

もちろん自分を信じることは簡単なことではありません。でも可能性が低いと思うならば、頑張れる伸びしろを感じている証拠。今ある可能性を大切に抱きしめて、より増やすためにどうすればよいかを考えれば、可能性はおのずと育まれる。**自分の可能性をポジティブにとらえられるかどうかが、未来を大きく変える**と僕は信じています！

Q

転職先で新しい環境になじめずつらいです

大丈夫！　絶対、慣れる！

A

初めは人間関係がスムーズにいかなくても、それはお互いがまだ理解できていないんだから当たり前。声を大にして言いたいのは、大丈夫、僕の経験上、絶対慣れる！　ということ。**時間が解決してくれる部分が大きい**です。

現役テニスプレーヤー時代に、僕は、過酷な環境の変化を数多く経験しました。テニスの大会はピラミッド型になっていて、最下部の大会からてっぺんのグランドスラムまで選手層はもちろんテニスコートなどの環境もまったく違うんです。自分のランキングが上がってくると上の大会に出場できる。でも、大会のレベルが上がれば上がるほど自分よりうまい選手が増えてくる。そこでは「お前、誰？」みたいな扱いを受け、練習相手もなかなか引き受けてもらえませんでした。だから、引き受けてくれた選手には全身全霊で誠実に練習相手をしましたね。すると次第に相手の対応が変わっていった。でも「自分もやれるんだ」とわかった喜びもつかの間、勝って次の段階に行くとまた同じ環境変化が待っていて、「うわーまたか！」の繰り返しでした。

そのときは全然楽しめなかったですが、**今思い出すと、慣れないときほど面白かった**。緊張感の中で集中して本気で立ち向かっていた。ずっと同じ環境にいると、心が大きく動かされることはなかなかないですよね。八方ふさがりで難しいと感じていた状況が、徐々に普通に思えてくる感覚。成長していることをストレートに感じられる時間でした。

だから僕が言いたいのは、決して**自分を追い詰めないでほしいということ**。慣れない不安を全部プラスにとらえろとは言いませんが、その感覚は変わります。だからマイナスにだけにはとらえないでほしいですね。もったいないから。

僕が環境に適応するプロセスで心がけているのは、根本的な自分を変えずにいかに変化するか？　周りの人への話し方をはじめ、**どういう対応をすればその環境で自分らしくいられるかを考える**。だから最初はけっこう冷静に周囲を観察していますね。環境を受け入れて寄り添い、変化しつつも、根本的な自分は変えない方向性を探すのがコツです。

Q

英語の勉強に挑戦するも、何度も挫折しています

ワクワクワールドは苦しいゾーンの先にある！

A

僕も英語には苦労したタイプ。世の中には英語の勉強が楽しくて仕方がないという人もいますが、僕はそうではなくて……（笑）。

なにごとも身につけるプロセスには、まずやりたくない苦しいゾーンがあって、その先にやってよかった楽しいゾーンが待っているというのが僕の持論。そのうえであきらめずに苦しいゾーンを進み続けるには、**〝何のために〟というメンタル面と、〝具体的な**

ルーティン（毎日の習慣）〟のテクニック面の両方がモチベーションを支えると考えています。

僕が英語をいちばん頑張ったのはテニス選手として渡米したとき。〝何のために〟は、もちろんコーチとコミュニケーションをしっかりとるためです。言っていることが理解できないとテニスが上達しませんから！　必死に日本語を断ちながら〝具体的なルーティン〟として、思考回路から英語にしようと毎日英語で日記を書きました。最初は「今朝7時に起きた」を「7 Wake Up」と書くレベル。文法が無茶苦茶でも気にする余裕なんてなかった。でもルーティンを続けた結果、3カ月たったころ、ラジオやテレビから流れてくる英語がすっと耳に入ってくるようになりました。

ただ目指していたレベルが〝伝わる英語〟だったので、正直に言うとコミュニケーションがとれるようになってからは、それ以上努力できていません。より正しい発音や文法を求めて英字新聞を読んだりなどトライはしましたが、続かなかった。やはり**人間というのは、必要に迫られたことしかなかなかできません**。だから〝何のために〟がとても重要です。目的意識を持って、苦しいゾーンの先にあるワクワクワールドを目指していこう！

第2章　セルフメンテナンス

Q

ポジティブに「できる」と言うようにしていますが、結局達成できません

その〝できる〟は本当に正しいのか!?

A

「大丈夫、君ならできる!」

僕が応援している姿を見て、〝できる〟と一所懸命言えばできるようになる、松岡修造は熱い気持ちでモチベーションを上げるタイプだ、と思っている人がなんだか多い気がします（笑）。もちろんできると信じる気持ちは大切だし、口に出すことで言葉からパワーをもらえるでしょう。でも実は、僕はただ言っているだけではないんです。他人

に対しても自分に対しても、**僕にとって正しい〝できる〟には、二つのルールがある！**

ルール1、できるためのベースがあるうえで言う。ベースとは、できる状態へ向けた考え方や準備、努力といった土台のこと。**ノープラン状態の気持ちだけの〝できる〟ではなくて、目標に向かったプロセスの中から出てくる〝できる〟であってほしい。**たとえばジュニアの指導で選手が「できる」と言ったとき、僕は「どうできるの？」と必ず聞きます。意外と〝できる〟が独り歩きしている場合も多い。説明できないときは、ベースが危ういサイン。具体的な提案を通して土台づくりをサポートします。そうやって初めて、選手も「自分はできる！」と根拠のある自信になり、僕も心から「君ならできる！」と応援できる。

ルール2、自分ができると思っているときしか言わない。「自分が」というのが最大のポイント。他人がどう思うかは一切関係ない。他人が〝できる〟と言っても、自分が〝できない〟と思っていたらモチベーションは上がらないことが多いです。自分の心はごまかせない。結局、**できる人は自分に嘘をついていない人**なんですよね。正直な気持ちは最終的に自分に返ってくる。だから自分ができると思ったら、〝できる〟って言っていい。

重要なのは気持ちだけの〝できる〟に終わらないこと。〝できる〟と言うことをきっかけにベースをつくったり、具体的なプロセスを考えたり、確実にできると思える自分を見つけてもいい。そして最後に言いたいのは、〝できる〟と言った結果、できなくてもOKだということ。自分が望んで、できるために努力した経験はあとで必ず役に立ちます。**結果ではなく、正しく〝できる〟に向かった経験そのものが最も大事**なのです。

Q

重要な仕事で失敗してしまい、それ以来立ち直れません

Never Mind! It's OK!

A

失敗してうれしい人はいないと思いますが、**マイナスな感情をすぐに消化できる人とそうでない人では、大きな差がある**というのが僕の考え。

やみくもに失敗を忘れろと言っているのではありません。まずは失敗を受け入れて反省することが大切。自分の行動を振り返って、失敗の原因と冷静に向き合うことで、次につながる気づきを得られます。

ただこのときに忘れてはいけないのが、**一所懸命トライしたうえでの失敗は悪いことではない**ということ。失敗を悪いことのようにとらえている人がたくさんいる気がしますが、本気で努力、挑戦した結果の失敗ならば全部ナイストライ。僕はそんなとき、「Ｎｅｖｅｒ Ｍｉｎｄ！ Ｉｔ’ｓ ＯＫ！」と声に出しています。「**心配ない！ 大丈夫！**」という意味。周囲に人がいて言いにくいときは心の中で繰り返します。実はこれ、現在、**錦織圭《にしこりけい》選手のコーチであるマイケル・チャンの言葉**。僕が現役時代、マイケルとダブルスを組む機会があり、その試合中に彼が言った言葉です。

当時、彼は男子テニスシングルス４大大会最年少優勝記録を持つスター選手。だから僕は試合中、気をつかって小さなミスでも「Ｓｏｒｒｙ」と言っていました。ただその試合に関しては僕のほうがコンディションがよかった。サーブの調子が悪かったマイケルは、自分のサーブのゲームを何度か落としました。でも僕は何も言わなかった。そんなときマイケルが僕に「Ｓｈｕｚｏ、Ｎｅｖｅｒ Ｍｉｎｄ！ Ｉｔ’ｓ ＯＫ！」と言ったんです。

え!?　と一瞬思いました。僕の予想では「Ｓｈｕｚｏ、Ｓｏｒｒｙ」だと思っていたから。でも同時に「トップにいる人の考え方はこれなんだ！」と心が震えた。**一所懸命だからこそ失敗を前向きに受け入れられるんだ、と。トップ選手のポジティブ思考を感じて、自分が変わった**気がしました。

この世に失敗のない人生なんてありません。どんなことも最初はトライすることから始まり、夢や目標が大きいほど失敗せずに成功することはありえない。失敗に落ち込むよりも、本気の自分を褒めましょう！

Q 仕事を抱えすぎて新しいアイデアが湧きません

一点集中より多点集中!!

A 僕も一度に複数の仕事を抱えて「どうすればいいんだ!?」と余裕がなくなった経験があります。ただ僕の場合は、**仕事のストレスは仕事で解消したいタイプ**。いちばんのリフレッシュは仕事がうまくいったとき。だから、休日にもけっこう頭の片隅で仕事のことを考えています（笑）。

誤解してほしくないのは、決して休日返上で仕事をしているわけではありません！オンは仕事モード、オフはプライベートモードといった**確固たるオンオフの線引きをし**

ていないだけ。

なぜなら僕は、世の中には**あらゆる場面に通用する〝ものごとをいい方向へ持っていくための感覚的な軸〟がある**と感じているからです。スポーツでもビジネスでも、分野は違えど、成功するためのコツには共通点がある。そして、その軸は、ひとつの仕事のなかよりも、同時に並行して別の仕事に取り組んでいるときのほうが見つかりやすい気がするんです。つまり、**視野を狭めるよりも、広げたときのほうが、いちばん大切なものが見えやすくなる**。普通は仕事が増えて「どうすればいいんだ～」と頭を抱える場面かもしれませんが、僕の中では、それはむしろプラス。人間の集中力の持続時間には限度がありますから、ひとつのことに集中し続けるのは無理だと思いますが、違うことをするときは、違う集中力だと思うんです。増えた新たな仕事には、新たな集中力が生まれ、結果、長続きするのではないでしょうか。

イメージとしては、休日に100%オフを満喫してドライブを楽しんでいる最中、ずっと頭の奥のほうで稼働させていた「次のジュニア合宿で何をするか」という課題にひらめきが降りてくる、といった具合。**目の前の一つ一つの行動に真剣に全力で向き合いつつ、完全には仕事を忘れない状態でいる。**ここが重要なポイントです！

もちろんこれは僕の勝手な考え方なので、オフは仕事を忘れてリフレッシュ、そのぶんオンで仕事に集中するのも大正解。こんなユニークなスタイルの人もいるんだな、と笑ってもらえたらうれしいです。

Q

いつも、本番で実力を発揮できません

楽《ラク》する？ 楽《たの》しむ？ どっちだ!!

A

本番に強いタイプと弱いタイプの人がいる、という話をよく耳にすることがありますが、どちらのタイプもいない、というのが僕の考え。**本番でいいパフォーマンスができるかどうかは、ズバリ準備の差**。本番に向けてどれだけ本気で準備に取り組んだか、これに尽きます！

僕は、壁にぶつかったとき、プレッシャーに押しつぶされそうなとき、**自分の本気度**

を確かめるために「楽」という字を思い浮かべるんです。「あぁラクしたい」と思うか、「今、自分は楽しんでる」と思えるか……。「ラクしたい」と読んでしまうときは、まだまだ本気が足りない証拠。

人間は、つらい状況になるとラクをしたくなる生き物。でも**本気のときは、不思議とつらくても楽しいと感じる**ことができる。僕はそう信じています。苦労したときほど、達成感と自分の成長を感じることができるから、それが楽しくて仕方がないという境地です。

それを強く感じたのが卓球の福原愛《ふくはらあい》選手でした。愛さんは北京五輪に続いてロンドン五輪にも出場。僕は、二度のオリンピックに向けたトレーニングを間近で見てきました。北京五輪の結果は惜しくも団体４位。この瞬間です。僕は、この瞬間に愛さんの本気度に変化が起こったのを肌で感じました。「次は、何があっても絶対にメダルをとる」と。メダルへ向けた本気の覚悟が決まった瞬間です。

その後の愛さんの準備にはスゴイものがありました。思いつくことは何にでも挑戦。

今まではやらなかったきつい練習に繰り返し繰り返しトライし、自分をどんどん追い込んで、いちばんつらくて嫌なことをし続けた。でも不思議と、僕には愛さんが楽しんでいるように見えたんです。まさに「ラク」ではなく「楽しむ」！　そして、ロンドン五輪では見事、団体銀メダルを獲得。本気度に限界はないのだな、と心から思いました。

最初から本気度１００％である必要はありません。今は「ラクしたい」のほうが大きくてもいい。**本気の準備を楽しむことが大事**なのです。

Q
夜寝る前、マイナスなことで頭がいっぱいになってしまうんです

A
考えろ！　考えるな！

僕も、毎晩「今日の自分はどうだったかな」「明日はどこを頑張ろうかな」と、自分を見つめ直す時間をつくっています。そのときに口にしているのが冒頭の言葉。考えるのか考えなくていいのか、どっちだ？　って感じですが（笑）、「**考えて変えられることは考える、でも考えても変えられないことは考えない**」という意味。毎日夜5分、頭の中のモヤモヤをいいことも嫌なことも全部ひっくるめて、「考えるべきこと」か「考えても仕方ないことか」に振り分けています。

なぜそんなことをするのか？　それは、**情報が多すぎる今の社会では頭の中がうまく整理できないことが多い。ゆえに、悩みや不安、迷いが尽きなくなってしまう**から。僕も、振り返るときに、「あの人はなんであんな態度をとったんだろう」とネガティブな気持ちがムクムクと湧き上がってくることが当然ある。でも、失敗や反省点を他人のせいにしていては前進できない！　だから、**考えても仕方がないことはどんどん捨てていく。**人間はどうにもならないことを一所懸命考えるのが得意な生き物。だからこそ、心のノイズを消す必要があるのです。

ここで大事なのは、面倒くさいから考えるのをやめる、というのは間違いだということ。あくまでも「考えても変えられないことは考えない」を徹底すること。たとえば、テニスでいうなら「なんでこんな風が吹くんだろう」とか「なんで今日に限って相性の悪い審判なんだろう」とか。自分ではコントロールできないことは、考えたって仕方がない。その代わり、その風、その審判でも、いかにいいパフォーマンスをするか、についてをじっくり考えるのです。だから、「考えろ！　考えるな！」は**「何を考えるべき**

か」を知るために、まず「何を考えないか」を考える、ということ。哲学の問答みたいで、一見難しいですよね。合宿で子どもたちにこの言葉を言うと、どの子もまずはキョトンとします（笑）。考えようとしたら考えるなって言われるわけですからね。でも大丈夫。慣れですから。一日、一年、一つの仕事が終わったときなど、その節目節目で「考えろ！　考えるな！」を口にする。ぜひ習慣にして、頭と心をスッキリさせて、前に向かって進んでください。

Q

集中力をアップさせるために、できることはありますか？

集中することよりも「何に」集中するかが大事なんだ!!

A

仕事をはじめ勉強やスポーツなど、何をするにも大切といわれる「集中力」。でもなかなかスイッチを入れるのが難しい。気がつくとムダに時間が過ぎていて、「もっと前からやっておけばよかった」と悔やんでも後の祭り。僕も何度失敗したことか……。

今回は、そんな試行錯誤のなかで見つけたよくある失敗パターンと僕流の集中法を紹介します。まず陥りやすいのが、「集中」「集中」「集中」と言うことに集中してしまうパターン。実はこれ、心が一つのところに集まっていない状態なんです。心を一つに合わせるというのは、**自分の意識を「今集中しなければいけないこと」にフォーカスしていく、ピントをしぼっていくイメージ**。これが「集中」です。

僕が大事だと思うのは「集中すること」ではなく「何に集中するか」なんです。テニスの試合ならば〝次のボールは何がなんでも取る〟〝ポイントをとにかく取る〟など、一点にしぼった具体的なことに没頭しなくてはならない。だから、集中したいときは、まず自分がどの一点に集中するべきなのかを明確にする必要がある。これに尽きるので、僕自身、テニスのジュニア指導で、子どもたちに、ただ単に「集中しろ」と声をかけることはありません。今何に集中しなければいけないかを具体的に伝えています。

もうひとつ大事なのが、一回の集中に大きな期待をしすぎない！　つまり、**小さな集中スイッチを何度も入れながら目標に近づく**、ということ。たとえば仕事なら、「アイデア出しに集中」する時間をまずとり、そのあと一服入れて「企画書作りに集中」、そのあと「プレゼンのシミュレーションに集中」など。一度に「いいアイデアを企画書にまとめ完璧なプレゼンに向けて集中」と、欲ばらないこと。集中するにはものすごいエネルギーがいる。人間、そんなに長い間エネルギー全開で集中するのは難しいものです。また、大きなスイッチを入れようとするほど、失敗する恐怖心や不安が増大し、集中を妨げるおそれも。人間はしょせんなかなか集中できない生き物。その中で、**集中を一点にしぼるためにも「何に集中するのか」を意識して、気張らずジワジワ集中力を身につけましょう！**

Q

仕事へのモチベーションに波があり安定しません

チャンスをつかむパドリングモチベーション！

A

僕もモチベーションが安定しないことが数知れずですが、そもそも世の中に完璧に自分をコントロールできる人なんているんでしょうか？　心は常に動くもの。**人間ならばモチベーションにアップダウンがあって当然**だと思います。

ただ一方で、安定したモチベーションをしっかり維持できるほうがチャンスや大きな成功をつかめるのも事実。モチベーションが下がった状態では、チャンスに気がつかなかったり、逃してしまうことも多い。

僕は、**チャンスを波、モチベーションの維持をパドリングのイメージでとらえています**。サーフィンをするときにサーフボードに腹ばいになってパドリングしながら海の上で波を待ちますよね。波はいつ来るかわからないけれど、いろんな形で自然にやってくる。チャンスもいつやってくるかわからない。だから「パドリングするようにモチベーションを保って、いつチャンスが来てもいいように準備しておこう！」と自分に言い聞かせているのです。

僕にとってモチベーションが下がりやすいのは、努力しているのに結果がついてこないとき。つい自己嫌悪に陥ってイライラしがちに。そんなときも自然の波が相手だと思うといい意味であきらめがついて、「ドンマイ、今のは小さい波だった。次に大きいチャンスの波が来たときはもっといい準備をしよう」と大きな気持ちでいられるから不思議です。

結局、**モチベーションの源は「自分がどうしたいか」**。その答えは、自分の中にしかありません。誰かが代わりに自分のモチベーションを生み出したりはしてくれません。チャンスの波は次々とやってくるけれど、砂浜にいたら波に乗ることすらできないのです。波に乗りたければ、「波に乗るぞ!」という強い意志を持ってパドリングをし続けるしかない。そのためには心の中にいる前向きな自分を、自分で見つけるしかありません。

未来の波に思いを馳《は》せながら目の前のパドリングを楽しむ。**僕は日々のパドリングがチャンスを呼ぶ力にもつながる**と信じています。

Q 嫌なことがあるとつい顔に出てしまいます

笑顔は努力だ！

A

僕も嫌なことがあるとなかなか笑顔ではいられません。でも一方で、〝**無理やりつくった笑顔でも心は変えられる**〟というのも僕の考え。スポーツの面から見ると、**笑顔はテクニックとして習得できる部分がある**んです。だから僕は、笑顔をひとつの努力ととらえています。

テニスの場合、試合の厳しい局面で苦しい顔をしていると、心もマイナス思考に陥ってしまう。そこでメンタルトレーニングの一環として始めたのが、**毎日笑顔の練習！**

試合中どんなに苦しくても「全然大丈夫！」と笑顔になれるように努力しました。意外にも**自分の笑顔にいちばんだまされるのは自分自身**なんです。焦りや不安のなか、必死になってつくった笑顔にもかかわらず、心が前向きになる。そのおかげで、どれだけピンチを乗り越えられたことか。「結果として前向きになれるなら、無理をして笑顔でいるときがあってもいいんじゃないか？」という僕の持論はこの経験から生まれました。

笑顔トレーニングの方法は実にシンプル。毎日鏡の前で、キュッと口角を上げて目じりを下げ、**自分が前向きになる笑顔を自分に向けるだけ**です。少し表情をくずすくらいの「ニッ」ではなく、顔全体の筋肉を使って「ニカッ」とオーバーに笑うくらいが効果的。しばらく練習を続けると、**つくり笑顔と心の笑顔が重なる瞬間**を感じるはず。この感覚が大事！〝いつも笑顔〟の域までもうすぐです。トレーニングのおかげで、今では僕は笑顔でいることにまったくストレスを感じません。

そのうえで、どうしてもイライラするときは、笑顔の奥で「僕はこう思うけど、この人は何でこう思っているのか？」を考えるようにしています。イライラの原因が自分の固定観念にしばられた感覚的なことにすぎない場合も案外多い。「人それぞれ考え方があって別にいいよね」と思えると気持ちが落ち着きます。

笑顔は自分も周囲もポジティブに平和にする最強の表情。**笑顔になれないときほど、思いっ切り笑って僕は心を前向きに整えています。**

Q 新鮮味のないルーティンワークが苦手です

進化するマイルーティンを目指せ！

A

あらかじめ決まった手順のあるルーティンワークはどんな仕事にもつきもの。僕は、同じ仕事は工夫次第で、進化できる要素に満ちあふれていると思っています。そしてそのようにルーティンワークをとらえて取り組んだ人は仕事全体へのモチベーションもアップする。**ルーティンワークを制する人は仕事を制する**といっても過言ではありません！

仕事にもスポーツにも共通すると思いますが、**ルーティンを継続することは自分の基**

本的な「型」をつくることにつながるからです。テニスでは、軸がブレてバランスが悪い状態、つまり基本的な型が備わっていないと、どんな練習をしても上達することはありません。だから基本となるショットを何度も繰り返し練習する。そうやって自分の型をつくっていきます。仕事においても同じ。メールチェックに始まり、データ整理、資料作成、事務手続きなどのさまざまなルーティンワークには、仕事の基本的な考え方や技術が詰まっています。だから**ポジティブに真摯に行うほど、正しい型が身についてクオリティの高い仕事につながる**と思うのです。

と言っている僕も、最初はつまらなく感じたり、なんとなくやってしまうことの連続でした（笑）。どうしたら楽しめるだろうと模索していくなかでわかったのが、**ロボットのように機械的にやっているからつまらない**。やらされてる感があるなかでは、自分が苦しいうえに身にならないということ。楽しくないと感じていた僕はロボットのように心を入れずただルーティンをこなしていただけでした。そこには失敗も成功もない。他人事《ひとごと》なので面白くない。そこでロボットは卒業するぞと決めました。

それからは自分で考え、自分なりのマイルーティンワークを心がけるように。すると一回一回効率や効果を自分に問いかけるせいか、**毎回違った進化が生まれるように**なった。状況のとらえ方をちょっと変えたり、新しい工夫をしたりすることで、停滞した状態に光が差すのは僕が実践ずみです。皆さんはロボットじゃない。仕事を楽しめる自分なりのやり方を見つけましょう。

Q

日々忙しくて、やりたいことがあっても時間がつくれません

本当に時間がないのか⁉

A

実は僕は「時間がない」という言葉が嫌いで、長年どうしたらそう思わずにすむか考え続けてきました。自分がスポーツ人生を通して得た時間観は、**「1日は24時間と決まっているけれど、過ごす時間の質を高めていけば無限に可能性が広がるし時間をつくることができる」**というもの。

でも心がけだけではなかなか難しいのが現実。生産性は急には上がらないし、つい時間が足りないと思う瞬間もまだ消えません。

そもそも人はどうして時間がないと感じるのでしょう？　僕は、**人は時間に合わせてものごとを考えてしまいがち**だからだと思っています。たとえば1日でできる仕事に3日猶予があった場合を考えてみてください。理想は「初日で終わらせて、残りの2日は違うことをする」ですよね。でもつい3日かけてやってしまう、または初めの2日は悠長に構えて何もせず、最後の1日で慌てて仕上げることも。時間に合わせて仕事をする質の悪い時間の過ごし方をしていると、常に時間に追われ、時間がない状況になりがちに。「自分が時間を操る」方向に切り替えないといけない！

ということで僕は、**自分で時間をコントロールするために〝マイ本気タイム〟を毎日つくっています**。1日でいちばん体調がよく集中できる時間帯を見つけ、そこで最も優先順位の高い仕事に全力投球する。質の高い時間を過ごそうと思ったらそんなに長く集中力は続きません。だから最初は1時間でOK。習慣になっていくと、本気タイムに劇的に自分が変わるのを実感できます。自分で時間をコントロールする感覚を味わえるし、その時間に早くよい仕事ができるようになり生産性も上がる。

さらに最大のメリットは、マイ本気タイムに何の仕事をするかを選ぶ力が身につくこと。優先順位を決めることこそが「時間がない」を克服するもうひとつのポイント。あれこれ手をつけず、現状を整理して一点集中することで時間の質が高まり、毎日の充実度がアップしたことは言うまでもありません。**時間の使い方を改善することは、生き方を見直すこと**だと実感しています。

Q

期待されるとつい頑張りすぎてしまいます

食事も仕事も腹八分！

A

食べることが大好きな僕は、「どうやったらよりおいしく食べられるか？」をいつも考えています。

なかでも大事にしているのがバランス。基本的に満腹になるまでは食べません。腹八分目の食事が健康にいいのは言わずもがなですが、**僕のフィーリングでは、腹八分を過ぎるとおいしいと味わって食べられなくなる。**満腹に近づき「おいしい」より「苦しい」と感じる前にストップ！　すると食べ終わった直後でも「さあ、次の食事は何を食べようかな?」とフレッシュな食欲が湧いてきます。それを周囲に言うと「今食べたばかりだから食事の話はやめて」と言われるんですけれど(笑)。

僕は仕事にも同じ感覚を持っています。**仕事を頑張っているときも、食事でいう「おいしい」と同じ「楽しい」感覚を常に持っていたい**。

ただ、最初からこの考えだったわけではありません。テニスの現役時代は、腹十分目まで頑張りすぎていました。ところがトレーニングを限界まで追い込みすぎると、ここぞというときに余計な力が入ることが多かった。自分のベストパフォーマンスにつながるバランスを追求するなかで、**最もパワーが出るのは腹八分の状態だと気づいたんです**。

それ以来、自分の頑張りすぎを見直すべく、日記を書いたり、一日のストレスを数値にしてチェックしながら、テニスでも腹八分のペースを保つ自分流方程式をつくりました。初めは「苦しいくらい頑張っているほうがいい」感覚が抜けず、「もっとできるはず」と自分の頑張りに物足りなさを感じていましたが、続けていると**心の余裕**を持てるように。それによって発想力や集中力、効率がアップし、よりオフの時間が増え、さらに集中してテニスに取り組めるといういい循環が生まれました。テニスだけでなく、プライベートを含めた生活全体も充実して楽しくなったんです。

今では、**腹八分の心の余裕をもって、リラックスした状態で的確に動けるのが理想的**という考えになりました。今の仕事も、この考えを大切にして取り組んでいます。

Q 最近なんだか調子が悪くて何をやってもうまくいきません

〝調子悪い〟はポイズンだ！

A 体調が悪いという意味ではなく、**いつもどおりにいかないときに〝調子が悪い〟となんとなく使ってしまうことは、僕の中では禁止！**

体調が悪いのは仕方ありませんが、後者の意味で〝調子が悪い〟は、僕にとって思考をストップさせる言葉だから。〝調子が悪い〟と言えばそれだけで立派な理由になりますよね。でもこのひと言で片づけてしまうのは危険だと考えています。基本的に、昨日今日の自分がそんなに劇的に変わるはずはない。探せば見つかると思うんですよ、〝調子が悪い〟理由が。

もし、自分のテニスができていないのを「今日は調子が悪い」のひと言で片づけてしまうジュニアがいたら「もう一歩踏み込んで理由を考えよう」と言って一緒に考えます。すると思い当たることが出てくる。疲れから一歩踏み出すタイミングが遅れていたり、風の強さに対応しきれていなかったり。気がついて意識した途端、状況が一転して「ムチャクチャ調子がよくなりました！」となることも。そんなときは「だから〝調子が悪い〟だけですませちゃいけないんだ！」と活を入れます。

もちろん簡単に理由が見つかることばかりではありません。探しても見つからず、不安や焦りにさいなまれることも多い。でもだいたい**僕がいい結果を出しているときを振り返ると、いわゆる調子が最悪なときな**んです。調子が悪いときは、自分を追求するチャンス。**調子が悪い理由を探るために、普段より厳しい目で自分を見つめ、深く掘り下げる。だからこそ新たな工夫が生まれる。そして状況をよくしようという努力がその人を成長させる糧に**なり、結果的にはいい方向に向いていく。その千載一遇のチャンスを

「調子が悪い」で終わらせてはもったいない！　僕は調子が悪いなと感じたら即、「その先を考えろ」と自分に常に言い聞かせています。

それは調子がいいときも同じ。実力以上に調子がいいときにも理由があると思うんです。だからラッキーで終わらせずに理由を探っていく。得体の知れない〝調子〟の先に成長のヒントがあると僕は信じています！

Q 忙しい中でも心に「余裕」が欲しいです

余YOUで余裕をつくり上げる！

A

そもそも余裕とは何でしょう？　余りやゆとりがある状態。個人的には、**心の中にどんなに入れてもいっぱいにならない〝余裕ゾーン〟が広がっているイメージ**があります。そして、そこに余裕を生み出す考え方や可能性を持った**複数の自分がスタンバイ**している。焦ってイライラしたときに、いつもの自分一人だけだと行き詰まってしまいますが、さまざまな思考を持った自分が視野や選択肢を広げるのを助けてくれ、余裕を生み出してくれる。いろんなタイプの自分を心の中に増やしていくことで、余裕をつくっているとでも言いましょうか。

ご参考までに僕のスターティングメンバーを紹介しましょう。

１番、準備で余裕をつくる自分。不動のセンターポジション。準備すればするほど次に何が起こるかを予測でき、対応策を持てるので、どんなときも余裕を持って対処できます。ちなみに錦織圭選手は予測力の天才。ゆえに彼のテニスには常に余裕があります。彼ほどの天才ではない僕は、準備を心の余裕の支えにしています！

２番、ルーティンで余裕をつくる自分。運動、食生活、休憩時間にメリハリをつけて、生活リズムを規則正しく整えることは心身や脳を活性化し、余裕につながります。

３番、切り捨て感覚を磨き余裕をつくる自分。完璧を求めず、できないものはしないと決める〝取捨選択能力〟を磨くことで必要最小限に集中し余裕を生み出します。

ちょっと変わったところで、**４番、焦りながら余裕をつくる自分**。あえてゆったりして構えないのが僕流（笑）。知らない人が見ると「大丈夫かな？」と思うかもしれませんが「どうすれば？　どうすればいい？」とギリギリまで自分を追い込みながら余裕を感じています。

話し方、呼吸法などまだまだ余裕のつくり方は無限大。心の中に余裕ゾーンを思い浮かべるだけでもＯＫです。大切なのは自分に合った余裕の持ち方〝ＭＹ余裕〟を持つことだと、僕は感じています。

Q 頑張っているつもりなのに、何もかもうまくいきません

つもりは積もっていかない!!

A

頑張っていれば、なにごともうまくいくと思う人がいるかもしれませんが、僕は**やみくもに頑張るだけでは成果は出ない**と思っています。

○○つもり。特にこの言葉を使っているときは要注意。明日までにするつもり、頑張ったつもり、間に合わせるつもりなど。僕の中で**〝つもり〟はモチベーション空回りワード**。**やる気の無駄遣いサイン**です。

なぜなら、この言葉を使うときほど成功への具体的な方法がわかってない場合が多い

から。今までより頑張ろうと漠然と思ったくらいでは状況が変わらず、結果「自分なりに頑張ったつもり」となりがちですよね。

そこで**僕がしているのが、自分ができていないことを具体的に知るためのシート作成**。メモ用紙一枚あればできます。まず紙のいちばん下の部分に今自分ができていないことを具体的に書く。たとえば、「遅刻する」と書いたとしましょう。次に、いちばん上の部分にはそれをできている人がしていることを書きます。たとえば「5分前行動」など。何のためかというと、**できている人とできていない自分の具体的な差を知るため**。できる人とできない人は同じことをしていないから結果に差が出るのです。ここでその差を知る!

続いて、下のできていない項目を上の成功ゾーンに上げるための方法を探る。たとえば、「遅刻する」と書いた上に「なぜ遅刻するか」を書く。「間に合うと思っていた」など。その上にどうすれば成功するかも書き加えます。大事なのは「時計を5分進める」など、具体的な方法を書くこと。

書いていくとわかると思いますが、**自分ができていない中身って、ひもといていくと一つ一つはかなりささいなこと**なんです。そのことに気づけるのがこのシートの最大のメリット。自分ができていないことを漠然ととらえているうちは、とても克服できないように思えて不安になるけれど、**成功への道は意外と小さなことの積み重ね。**書き出して目に見える形にして、現状の問題や解決策を具体的に知るだけでスッキリするし克服できた自分もイメージしやすい。

とにかく小さなことからひとつずつ、がコツです！

Q

飽きっぽく、習慣づけがなかなかできません

いい習慣の第一歩は移動時間から

A

移動時間に何をしていますか？　もちろん何をしても自由です。以前の僕はボーッと景色を眺めていたタイプ。でも今は、**アイデアを発想するのはたいてい移動時間**。ちょっとした時間ですが侮れません。その活用法は無限大！　いい習慣を身につける絶好の機会ととらえています。

なぜか？　１００％自由に使える限定された時間だからです。まず仕事の時間ではないので、基本的には何をしてもＯＫ。そのリラックスした状態の中で「あえて自ら何か

をする感覚」がよい集中力につながります。また、限られた短時間ゆえに気負わずに取り組める。繰り返し行うことによって、自然に習慣になりやすいのもメリット。まさに**移動時間は自ら進んで自分をコントロールするためのよい練習時間**なのです。

といっても、電車や車に乗るたびに僕は「よっしゃ!」とパワー全開で何かをするわけではありません。基本的に**移動時間にしているのは、好きなこと、自然にできること**。アイデアを書き留めるにしても、肩に力を入れて考え込まず、ボーッとしながら何か出てきたことを書き留めるくらいの気楽なもの。くだらなすぎてあとで読んでも何だったかわからなくなることも。でも不思議なことに「くだらない」「あり得ない」「意味がわからない」といわれたアイデアほど後に形になることがよくあります。

続けているとできることの範囲が広がって、本や新聞などを読むインプットから、仕事の資料をまとめたり、テニス合宿の内容を練るアウトプットまで活用法はさまざま。短時間に繰り返し見返すことで仕事の質が高くなり読書量もアップしました。今では、移動時間になると「さあ今日は何をしようか」とワクワクスイッチが勝手に入るほどです。

最初は移動時間に寝ることから始めてもいいと思います。でもそこで大事なのがうっかり寝ちゃったじゃなくて、「自分が寝ようと決めて寝た」と思うこと。**いい習慣と悪い習慣の違いは、自分が決めて主体的に時間を使えているかどうか**。自分で決めてやるからこそ習慣になるのです。

Q

ギリギリにならないとやる気が起きず、結局いつもあとで焦ります

A

崖っぷち人間、バンザイ！

僕も夏休みの宿題は始業式前日に一気に片づけるタイプ。もちろんコツコツ積み上げることの大切さはわかっていますが、ギリギリ派も、とらえかた次第では悪いことばかりではないと思っています。追い詰められた状況は、自分を本気にさせる成長のチャンスでもありますから。

崖っぷちに立たされれば、誰でも必死にならざるを得ません。追い詰められるからこそ、無我の境地で最高のパフォーマンスができる。**自分の能力ギリギリの時間や難易度**

を決めて取り組むと、乗り越えたときに脳が最高に喜び、強烈な記憶として残って学習効果が上がるそうです。僕はそれを知って以来、仕事の締め切り間近にいいアイデアが浮かばず切羽詰まっているときも、僕の脳は喜んでいると自分に言い聞かせて、前向きに過ごすようになりました。すると不思議といいアイデアが浮かぶのです。

ただ、崖っぷちはリスクと表裏一体。むやみに自分を追い込んではいけません。たとえば、締め切りのある仕事をギリギリまで放置するのは、僕の中では〝悪い崖っぷち〟。初めはうまくいくこともあるかもしれませんが、人間は慣れてしまう生き物なので、どんどん崖っぷち度が増して、いずれ大きな失敗につながる危険も。崖の設定には注意が必要です。

僕の中での**〝いい崖っぷち〟の条件は、今の自分より、もうちょっと頑張った自分ならクリアできそうな時間や数字が具体的に設定**されていること。いい崖っぷちほど緊張感とともにモチベーションが上がり、やるべきことも明確になります。僕は実際に、締め切りのある仕事ならばその3日から1週間前に崖っぷちを設定。全力でその日までに仕上げる。

するると何が起こるか？　自分でつくった崖っぷちデッドラインの前で、ギリギリに追い込まれる状況が生まれて集中力を持って仕事ができるのです。そしてでき上がった仕事を本来の締め切りまでの時間にさらにブラッシュアップ。僕はこの推敲《すいこう》の時間が大好きです。本気になって成長した自分を感じられる至福の時間ですから！

Q

三日坊主で、決めたことが続きません

やりたいことはクセにしろ！

A

僕もやろうと決めたのに、続かなかったことが数知れず。たとえばテレビショッピングで買ったトレーニング器具。説明する人の話し方が面白かったりすると、つい購入してしまう。結果、家には数回しか使っていないトレーニング器具が大量に。なかなか続かないんですよね。続かないどころか、いつか使うだろうと箱さえ開けていないものまである始末（笑）。

人間は所詮そんなもの。皆基本三日坊主だと思うんです。その前提でどうすればいいか？　を考えました。その答えが、やろうと思ってもできないなら、いっそクセ＝習慣にしてしまおう、というわけです。**クセとは無意識に行う動作**。心より先に体が動くから、いやだな、面倒くさいなと思うハードルが低くなる。これを利用しない手はない！

クセにするうえで大切なのが、必要最低限の量をいかに苦にならずに成し遂げるか。たとえば今の僕のトレーニングは、ジュニアの合宿時に必要な筋肉を維持するメニューを毎日1時間、録画しておいたテレビ番組を見ながら楽しむ程度。倒れるまでなんて決してやりません。昔だったら倒れるまでやってましたが……。クセにすることを優先した今は、気軽に取り組むようにしています。断然、気楽で楽しい。だからこそ続く。

自分の力だけでは心が弱くて**クセにするのが難しいという人は、身近な人に鬼コーチになってもらう**のがおすすめ。鬼コーチとは「それじゃあダメだろ！　もっと頑張れ！」と叱咤《しった》激励してくれる存在です。やらざるを得ない環境をつくる。もちろん理想は自分の心の中に鬼コーチを持つこと。でも僕を含めてこれができる人はほとんどいません。

クセになるまでの時間には個人差がありますが、サボったときに罪悪感を感じ始めたらゴールは目の前。罪悪感をマイナスだと思わず、どんどん味方につけましょう。そして、やらないと気持ちが悪くなってきたら、そうです、おめでとう！　それはクセになった証拠です。

Q マイペースでのんびり屋。悔しい気持ちを持つには?

悔しいときこそ次がある!!

A **マイペースは、周囲に流されない強さがある。**僕もかなりマイペースな性格。何に対しても基本は「別にいいじゃないか」(笑)。ほとんど悔しいと思うことがありません。ただ一方で、ここぞという勝負どころには悔しい気持ちが必要なときがあって、それは性格とはまた別の問題というのも僕の考え。ちなみに錦織圭選手も超マイペース。でも彼はテニスに関してだけは負けず嫌い。小さいころに僕と練習試合をしたときも、負けると泣きながら「もう一回」と頼んできました。この悔しさがすごく大事!

人は**ズバリ自分の100%を懸けて挑戦しているときに悔しさを感じる**のだと僕は思っています。たとえば僕の場合、現役時代のテニスの試合。必ず「勝たなければ次はない」と思っていました。この一球、この試合しかないと思うたびに、負けたときの悔しさが倍増。そして、この悔しい思いを次はしたくない、と思うことで自分に足りないものが明確になっていきました。**「次がない」と思って全力で挑戦したからこそ悔しさを感じ、それをバネに自分の課題を見つけるからこそ「次がある」**と。

挑戦する前から「次がある」と思っていたら、失敗したときにその原因を考えるというプロセスを間違いなく飛ばしてしまうでしょう。「次がある」という言葉は、状況によっては、成長するためのヒントに気がつけない気持ちのゆるみを生む要素も含んでいると僕は思う。本気でやって悔しい思いをしてからの「次がある」でないといけないのです。

とはいえ、悔しさのダメージは想像以上に大きいもの。だから無意識に「次がある」と自己防衛本能が働く。僕も「相手が強すぎた」と悔しさと向き合うことから逃げた経験が数知れず。でも結局、**どんな理由を並べても、本気で頑張りたいと思っている自分の心には嘘がつけない**んですよね。

僕の人生も大半はマイペースで穏やか。でもここぞという勝負どころだけはとことん本気で臨む。そこで味わう悔しさが、きっとこの上ない喜びをもたらす次のステージにつながると信じています！

Q

なにごとも先延ばしにしがちで、いつになってもやる気が起きません

修造流準備は とにかく〝すぐやる〟！

A

やる気が起きるとき、起きないときのいちばんの差は、**集中力**だと思います。**集中しているときほど、発想力、理解度、行動力のすべてが早く、クォリティが高い**。よって伴う成果も素晴らしい。だから僕はどうやったらいつも自分が最も集中できるか？　を大切にしています。

その集中方法は人それぞれ。すぐに取りかかれるほど集中力が高まる人がいれば、ギ

リギリの崖っぷちに立ってプレッシャーを感じるほど集中できる人もいる。どの方法も正しい！　ギリギリ派で成功する人もたくさんいるんですよ。ちなみに僕は、以前はギリギリ派でしたが、**今はすぐやる派**に変わってきました。僕がどうして変わったか？を含めて、“すぐやる”がなぜやる気アップにつながるのかをクローズアップしたいと思います。

その1、すぐやるとワクワク集中できて楽しい。同じ集中力でも、僕は、切羽詰まったなかでプレッシャーを感じながらの「追い詰められ集中力」より、すぐ着手してやりたい方向性に向かってじっくり試行錯誤する「ワクワク集中力」のほうがより楽しく仕事に取り組めます。

その2、ブラッシュアップの時間が増える。ギリギリに始めると期限が間近に迫って見直すチャンスがあまりないですよね。すぐやり始めるといったん終わったあと、期限まで存分にブラッシュアップができる。結果、よりよい形にでき上がっている実感があります。

その3、余裕が〝よいパフォーマンス〟につながる。スポーツでは余裕があるほうが視野が広がり、体が硬くならずリラックスでき、よいパフォーマンスを生むといわれていて、僕は仕事も同じ感覚でとらえています。

このような〝すぐやる〟体験を経て、今の僕は、大変な仕事ほどとにかくすぐやるようになりました。取りかかるのが早いほど、第一段階から何十段階まで手を打てるからです。困難な仕事ほど、ブラッシュアップのプロセスに気づきや醍醐味が待っていることも知りました。〝楽しく仕事をする方法〟を探すなかで現状にたどり着いた今、僕は**笑顔で楽しみながら頑張れる時間の余裕があるほど、やる気が継続できる**と実感しています。

Q 失敗した時、自分で自分を責め続けてしまいます

「バカじゃないの?」と自分つっこみが突破口

A

僕もほうっておくとネガティブワールドから抜け出せなくなることがしょっちゅう。なので、**反省するシチュエーションをかなり工夫**しています。

目指すのは明るい前向き反省! **反省において大事なのは〝未来につながる気づき〟**。前に進むために、失敗の原因を正しくとらえることは不可欠ですが、「どうして○○しちゃったんだろう?」と過去にとらわれて落ち込む必要はない。テニスの現役時代から、

ミスをしても「チャンスボールをミスした僕はなんてダメな人間なんだ」ではなく、「もうちょっと早く準備をすればよかった」と前向き反省を心がけてきました。

まず反省のシチュエーションで重要なのが、時間帯と場所選び。就寝前のベッドの中は厳禁です。マイナスの感情にハマって朝までうなされ、後悔先に立たず。バラエティ番組などを見ているときに、「さっきの僕はあんなこと言っちゃったけど、このトーク番組みたいに面白く切り返せばよかったんだ！」と**笑顔で反省するくらいがちょうどいい。**「本当に反省してるのか、修造？」というくらいが、客観的に失敗を振り返ることができているサイン。

冷静に自分と向き合うために、紙やパソコンに向かって反省や考えを書き出すこともあるのですが、そこで大活躍するのが**ハワイアンソングのＢＧＭ**。やさしい音楽が落ち込んだ気持ちを癒して、前向きな心の流れを自然につくってくれる。さらに心を落ち着かせるには、自宅のハワイアンチェアに座って目をつぶる。スーッと目の前に海が広がってハワイの風を感じながら、リラックスして最高の反省ができるんです。

今、「ちょっとバカじゃないの？」と思った人、その感覚がメチャクチャ大事！　ハワイアンチェアに座って目を閉じて反省している松岡修造を想像したらおかしいでしょう（笑）。自分でもそう思います。ただその**自分につっこみを入れる感覚が、心が前を向いた状態で客観的にいい反省ができている証拠**。失敗を糧に前に進む突破口なんです。

Q 前向き思考を手に入れるために、筋トレは役立ちますか？

筋トレで〝心肉〟を鍛える！

A

答えはＹＥＳ！　僕はプロテニスプレーヤーを卒業した今も、毎日１時間トレーニングを続けています。プロ時代は筋トレが仕事でした。体を鍛える次元とは異なった、目標に向かって競い合い、苦しいことを楽しいと感じる特別なアスリートの世界です。では今は何のための筋トレか？　間違いなく**前向きになるための筋トレ！**

僕の個人的なとらえ方ですが、もし**体の筋肉と同じように心に筋肉があるとしたら、筋トレによって心の筋肉＝心肉も鍛えている**感覚があります。体を動かすことで、心の中に鬱々とたまっていた〝後ろ向きポイズン〟のような気持ちも動き出して、汗と一緒に「さよなら！」と流れ出る気がするんです。発散できると元気になる。笑顔になる。筋トレ後は、体も心もよい方向に向かう実感があります。

僕は養老孟司《ようろうたけし》先生を尊敬しているのですが、先生が講演会で「**身心ともに健やかに**」という言葉について話されたことも深く印象に残っています。〝心身〟と〝心〟を先に書くこともありますが、先生は「もともとは〝身心〟で〝体〟が先だった。〝体〟が動いて初めて〝脳〟が動くのです」とおっしゃった。これは僕にとってものすごく大きなことでした。**体がきちんと動くことで心が前向きに**活性化していくんだと気づき、僕の中で大切な言葉となりました。

ただ正直に言うと、**僕は寝ても覚めても筋トレが大好きなわけではありません**。筋トレはきつい。でも効果を感じ、自分にとって必要だからやっている。とことん楽しむグッズをトレーニングルームに持ち込んで、筋トレ中は映画を観《み》たり、音楽を聴いたり、本を読んだり。トレーニングの時間というよりも、お楽しみ時間という感覚で、楽しいからより前向きになれるという好循環の中で継続しています。

体を動かすなかで自分との会話が増えて、体も心も前向きになっていく。僕は今日も筋トレで健やかな心を育んでいます！

第3章　自分の心の声を聞く

Q

決断力が弱く、自分の決定にも自信が持てません

スモール決断で脱・優柔不断!!

A

僕は現役時代、メンタルトレーニングの先生から「レストランでメニューを開いたら、5秒以内に注文を決める」という課題を出されたことがあります。メニューをあれこれ迷っていた僕を見て、決断力のなさがテニスに出ていると言われたのです。半信半疑の中で始めた5秒で注文を決める訓練でしたが、半年ほどたつと自分でも驚くほど決断が早くなりました。

何が変わったのか？　入店前にその日の体調や食べたいものを考え、入店後は席に着

くまでにほかのお客さんの食べているメニューを観察するようになったのです。繰り返すうちに「自分が今何を食べたいのか」の追求が早くなり、**決断力は決断の経験によって磨かれる**ことを知りました。ここで大事なのが、**何かを決めるときは、それ以外の何かを捨てるときでもある**、ということ。捨てることを恐れず前向きにならないと決断力はつきません。

そして、その経験は僕が30歳のとき、テニス選手の現役卒業を決断したときにも大きな助けとなりました。もちろんレストランのメニューを選ぶのとはわけが違います。でも、小さな決断を繰り返すことで脱・優柔不断できたことがここで生かされたのは間違いありません。現役を続けるか、卒業するか決めるために、僕がまずとった行動は「自分がどうしたいのか」を追求すること。それは、あえて自分を過酷な状況に置いてみること、つまり世界でいちばん小さなツアーへの出場でした。審判もボールボーイもいない、プロ生活を長くやってきた僕には本当に過酷な環境でした。まさにプロ生活を始めたときと同じ環境。今またこの環境で自分は昔と同じように本気になれるか、ウィンブルドンベスト8を経験後、そこからまたはい上がる本気が自分にまだあるのか。

結果は、ノーでした。「初心と同じ気持ちには戻れない」と自分の心が言っている。

僕は納得して卒業を決断しました。レストランでメニューをなかなか決められなかった僕が、**一見小さくて、ともすればくだらなく見える決断を積み重ねてきたからこそ、大きな決断を前に、捨てることを恐れず前向きに決められた**のだと思います。

Q 場の空気を読みすぎてしまい、自分のやりたいことができません

KYを恐れてJYになるな!

A

テニスでは、相手のペースにのみこまれないためにも、あえてのKYも戦術のうちですが、社会で求められるのはやはり空気を読む力。

ただ、僕にとって**「KY=空気が読めない」よりもっと怖いのが「JY=自分が読めない」**。たとえば、何かをしようと思ったときに「これをすると、あの人にこう言われるんじゃないか」とか、周囲を気にして躊躇《ちゅうちょ》してしまい、自分の気持ちを後回しにしすぎることで、だんだん自分が本当は何がしたいのかわからなくなってしまう。これが

自分を読めなくなった状態。そうならないために、僕はいつも**自分の心の声を聞く**ようにに心がけています。「修造、お前は本当にこれがやりたいのか」「本当にそういう人間になりたいのか」と。そして、自分の心に聞いた答えを自分のためにやる。そうすれば、頑張れるし、その頑張りは本物になる。

それに比べて他人は勝手なことを言うものです。うまくいけばねたまれるし、失敗すれば笑われたりもする。そこでブレないためにも「**本当に自分の心がそれを求めているか**」が大事になってくる。そこがちゃんとしていれば外野の声を受け入れる力も自然に身につくもの。

ずっと空気を読んで安全地帯にいると、なかなか自分の心と向き合えず、自分がどっちを向いているかわからないこともあると思いますが、そんなときはいつもと違うことを積極的にやってみる作戦がおすすめ。いつもは読まない種類の本を読んでみたり、いつもと違う道を通ってみるという小さな変化でもよし。いつもと違う風景を目にして視野が広がり、思ってもみなかった自分の本心を知ることになるかもしれません。

ただ、勘違いしないでいただきたいのですが……**自分の心を大切にするために、空気を読まずに我を通してください、ということではありません。**自分の心のおもむくままやりたいことだけやるのはオトナとしておすすめできません。これではただのわがまま。**必要なところはやはり空気を読み、ただ、その都度その都度自分の心もしっかり読み、自分が何をしたいのかを常に意識しておく**こと。これが大事なのです。

Q

成功している人への嫉妬が抑えられず苦しいです

〝ダークサイド〟に落ちず、〝自分サイド〟を保つ!

A

嫉妬を感じるのはしょうがない!　もちろん僕も嫉妬しますよ。〝ダークサイド〟はみんな持っているんだから。僕の好きな映画『スター・ウォーズ』でも、〝ダークサイド〟は人間の中にあるものとして描かれています。ダース・ベイダーに人気があるのは、人間の心を持っているからじゃないでしょうか。

そのうえで〝ダークサイド〟を強くさせないように心がけるにはどうすればいいか?

たとえば、成功した人に「うらやましい」「なんであの人が?」と**嫉妬を感じたとき、僕は〝相手〟ではなく〝自分〟に置き換えて考えます**。すると「自分が同じ成功をしたいから嫉妬したんだな」と気づく。さらに脳内変換すると「自分がやりたいことはこれなのか。目標が見つかった!」とモチベーションにもなり得る。**嫉妬が強いほど実は裏側に前向きな自分がいる**ことも多い。それに気づけたらいいですよね。

難しいときは、「あの人は自分ができない○○ができるんだな」と比較対象として〝相手〟ではなく〝内容〟にフォーカス。自分ができなくて他人ができることなんてあって当然です。「○○ができるとこんな感じなんだな」と客観的に比較ができると〝ダークサイド〟に落ちなくてすむ。

それもできないときは、ダース・ベイダーの呼吸法の出番です。ダース・ベイダーは、どんな状況でも呼吸が乱れることがほぼないんですよ。「ホーッ、ホーッ」と何度も深呼吸しながらその音に耳を傾けると、自分の呼吸をコントロールできて、不安でざわついていた心が落ち着いてきます。

３つの方法すべてに共通するのが、〝自分サイド〟を保つこと！　嫉妬に駆られて〝ダークサイド〟に落ちると、相手に対するマイナス感情が止まらず、本当の自分ではなくなってしまいます。だから常に**自分をコントロールできる〝自分サイド〟を持っていたい**。「自分には自分のやり方、考え方があるから大丈夫！」と自分を受け入れ、信じられる力があると〝自分サイド〟を保つことができ、〝ダークサイド〟から戻ってこられる気がします。

Q

努力している人を見ると、後れをとっている気がして焦ります

置いていかれるくらいがちょうどいい!!

A

今って、価値観が多様化して決まった正解のないなかで、情報ばかりがあふれて悩ましいですよね。いろいろな方向で輝いている人を見たときに、自分ができないことが多いように感じて「この人すごいな」と思うシーンが増えたのかもしれません。でもそう思うのは頑張っている証拠ですよ。

まず大前提として、**誰でも周りのほうがよく見えてしまうもの**。でもそのよく見えて

いる人の中に入ってみたら、外から見えるとおりとは限りません。消極的なのに前向きと見られている僕がその最たる例でもあるのですが（笑）。何でもできると思われている人も、本音では「周囲によく見せようとする自分が嫌い」と悩んでいるかもしれない。真実はその人にしかわかりません。だから**見えている一部だけを見て焦る必要はないんです**。

そのうえで置いていかれたくない気持ちとどう向き合うか？　なのですが、ズバリ置いていかれたほうがいいというのが僕の考え。拍子抜けしちゃうかもしれませんが、僕自身が置いていかれていた遅咲きタイプだったので、身をもって断言できます。**置いていかれたほうが、周囲との勝負に目を向けずに自分のゴールに向かってベストを尽くすことに集中できる**。置いていかれるという発想は、誰かとの比較から生まれると思うんです。僕は置いていかれたことでその考えを捨てられたんですね。

テニスの才能が開花したのが遅かった僕は、いろいろなコーチに「お前にはテニスの素質がない」と言われていました。そこで他人と比較して悲観していたらとっくにテニスをやめていたはず。そこで焦らずに、発想の転換をして他人との比較から自分なりの進歩に目を向けられたことが大きかった。**自分なりの目標の目指し方、進み方が大事と気がついたからこそ今がある**と思っています。人の成長のスピードには早咲き遅咲きがあるけれど早ければいいわけじゃない。**自分なりの咲き方を待つのが大切。**

偉そうに言っていますが、身をもって経験している僕でも、「この人すごいな」と焦ることは今もしょっちゅう。そんなときに、冒頭のワードを思い出して、自分らしく頑張りたい気持ちをよみがえらせています。

Q
自己肯定感が低く、何をやっても自分に自信が持てません

自信がない？
もうすでに持っている！

A
「修造、自分を信じろ！」
1995年、ウィンブルドンの3回戦での出来事です。僕が今にも負けそうな、いや気持ちのうえではすでに完全に負けていたとき、客席からこの言葉が飛んできました。その瞬間、僕はハッとわれに返り、「まだ負けたわけではない、試合はまだ終わっていない！　自分が自分を信じないでどうする」とその応援の言葉によって、気づかされた。

そこから別人のように心が奮い立ち、４時間近い接戦を制して勝利。その後、ウィンブルドンベスト８まで勝ち進むことができました。

この勝利がなければ、僕の人生はまったく違うものになっていたに違いありません。応援は人の人生を変える力があると身をもって知った、僕の応援人生の原点であると同時に、「自分を信じろ！」がが大事なモットーになった瞬間でもありました。

自分を信じるとは一体、どういうことなのか？　僕は、**失敗も成功も含めた自分を全部受け入れて前を向くこと**だととらえています。自分に自信が持てないという人の中にはもしかしたら、周囲の評価や自分の理想像と比べて、今の自分ではまだ自信を持つに値しないと思っている人がいるかもしれません。でも**今の自分を自分がどう思うかは、自分で決められる**というのが僕の考え。ウィンブルドンで応援の言葉をもらう前と後の僕は何か能力が変わったわけじゃない。応援をきっかけに「自分を信じるかどうか」心を変えただけ。応援を受けたあと、劣勢の自分を受け入れたうえで「自分ならできる」と自分を信じることを決めたのです。

ただ、僕が言いたいのは「応援」はあくまできっかけだった、ということ。たとえ応援がない状態でも、自分を信じることは自分次第でできると僕は思っています。なぜなら必要なのは「心を変えること」なのだから。今の自分が未来をつくるんだ、と胸に刻み、**できる限り毎日ビリーブ・ミーの状態でいる！**　自分が自分を信じないで、誰が自分を信じるんだ！

Q すぐに人と自分を比べて落ち込んでしまいます

ぐちゃぐちゃ日記で人と比べない自分になる！

A

自分は自分。他人は他人。そう思っていても、人は比べたがる生き物。そんなとき僕は、そもそも他人とは考え方も違うし、外見も違う。筋肉も違う（笑）。そんな条件の違う人と自分を比較すること自体がおかしい、という気持ちを持つようにしています。そして**「他人」ではなく「過去の自分」と比べる！**　比較するポイントは、考え方、環境、体力面などいろいろありますが、僕は比較した後に**現在に反映させやすい「そのと**

きの心のあり方」に注目しています。

比べるツールは**ぐちゃぐちゃ日記**。**心のあり方を思うままに本音で綴《つづ》る日記**のことをそう呼んでいます。ネット上のブログやSNSではダメですよ。絶対に人に見せない前提です（笑）。きれいごとは一切なし。何を達成したかよりも、成功したとき、失敗したときに自分がどういう心でいたのか？　心の揺れ動きを書き綴る。むちゃくちゃな自慢でも驚くほど消極的な気持ちでもOK。正直に書くほど読み比べたときに「過去もこういうポジティブな心だったんだな」とか「苦しくても大丈夫。自分はその後にできるようになった」と、現在の心を前向きに後押ししてくれます。

僕がぐちゃぐちゃ日記を始めたのは高校のときから。当時、テニス部のキャプテンだった先輩が、毎日精神的な葛藤を日記に書き記していることを知り、そこに強さの秘密があるような気がしたのがきっかけです。最初は薄い大学ノートに何時に何を食べた、何時にどこへ行ったと自分の行動をメモして、思ったことを2～3行加えるのみ。ただしその数行には、恥ずかしいくらい本音をさらけ出しました。すると**自分の思いを素直**

にぶつけられる世界に「これほど面白いものはない！」と開眼。みるみるノートが厚くなり、結局、現役を退くまでの14年間、毎日書き続けたのです。過去のページを読み返しては、**心のあり方をメンテナンス**するのに役立てました。その日記は今も僕の宝物です。

自分の心の状態を正直に書き綴るぐちゃぐちゃ日記が、他人との比較を卒業するきっかけを与えてくれるはずです！

Q

〝自分らしさ〟が求められる今、考えても見つけられません

自分らしさはブレても折れなきゃOK！

A

自分らしさが本当にわかっている人なんているのかなぁ。僕なんかいまだにブレまくりの〝**松岡ブレ造**〟ですよ！　よく熱血な人間だと思われていますが、妻には「そんなことない！」って大反論されます（笑）。

50代になって実感するのは、**思い描いたビジョンどおりに人生は進まない**ということ。

僕は30歳のときに現役を退き、結婚するという大きな出来事があったのですが、特に結

婚に関しては、相手のあることだし、自分らしさなんて貫きようがありません。試合に勝つためにどうすればいいか自分のことばかり考えていた僕が、結婚後は家族のため、と180度考え方が変わりました。本音を言うと、変わらざるを得なかったのですが……。現役を退くときに描いていた夢や目標も大きく変わった。日本のスポーツ界を元気にしたい思いと家庭とのバランスをどうしたらよいのか？　と自問自答の日々です。当然、自分らしさだってブレる。

だから**自分らしさは柔軟なほうがいい**というのが僕の考え。自分らしさなんて見つかっていないくらいがちょうどいい。一本ピーンとした確固たる自分らしさを持ちすぎると、少し揺れただけで不安に襲われて大変ですから。目指すは竹のようなしなやかさ！

竹林を想像してみてください。強風が吹いてもうまく風をさばいて折れないでしょう？　このしなやかさがポイント。自分らしさの場合、どうやったら折れないか？　僕は、どんなことをするにも自分が楽しめる方法を考えることだと思っています。仕事でもプライベートでも、その日の自分がどうしたら楽しめるか？　をシンプルに探して問いかける。結局、**自分が楽しめることが自分らしさにつながる**んです。

そうやって探し続けて、僕は今「人を応援する」という自分らしさにたどり着きました。なによりも好きだし、自分が生き生きするとわかったから。ようやくではありますが、結果的には常に自分らしく人生を思いっきり楽しんでいます!

Q 仕事で結果を求められ、期待が重くてしんどいです

自己満足ではなく自分満足度100%

A

仕事において意識する「自分がどうしたいか」と「他人からどう見られたいか」。両方大事ですが、僕が軸に置いているのは前者。ただし自己満足とは違います。僕が目指しているのは、自分満足度100%！

それは一体何か？　自分がよければ他人の評価は関係ないのが自己満足ですが、**自分満足度100%は「求められた仕事に対して、自分を100%出し切った」という自分**

の満足度があるうえで、他人の評価を得られる形を探すこと。基本軸は自分の満足度、そのうえで他人の満足度を高める。このバランスを大切にしています。

　評価されるために何をすればいいかを考えるのはもちろん悪いことではありません。ただ、**仕事の満足度＝他人の評価にしてしまうと、自分の満足度を忘れがちになる**。究極までいくと自分満足度０％他人満足度１００％に陥ってしまうことも……。そうなるといくら仕事で成功しても、周りにやらされている感覚や本当の自分を偽っている感覚が芽ばえてきて、長く続かないと思うんです。実力以上のことをして自分を見失ってしまうかもしれない。周囲の評価を気にしない自分でいるのは無理だからこそ、「**自分満足度１００％の状態で、他人の評価に向かって行動せよ！**」と心をコントロールしています。

　そのおかげか僕は、仕事において自分満足度がいつも高い。やりたいことができている自負があるので、評価が得られなかったとしても切り替えが早い。「次は反省を生かしてもっと評価をもらえる形でやってみよう」と積極的に前に踏み出せている気がします。

結局、**自分の満足度を高めて、やりたいことを周囲の評価と照らし合わせながら地道に続けていくことが、最終的には正しい自分の評価になってくる**んじゃないか、というのが僕の持論。トライアンドエラーを繰り返しながら、究極の形「自分満足度１００％＝他人満足度１００％」の領域を目指して、日々精進です！

Q 安定志向の殻が破れず、新しいことに挑戦できません

自分チャレンジは自分チェンジ！

A

変わりたい自分と変わりたくない自分。僕の中でも常に闘っています。現状維持によって安定を取るか？　リスクが伴うチャレンジを取るか？　どちらを選ぶことも一つの生き方で、**安定志向は決して悪いことじゃない**。ただ僕が大事にしているのは今の気持ちです。**「挑戦したい」と思ったときこそチャレンジしどき！**　そのチャンスを逃さないでほしい。

挑戦すると決めたとき、僕はまず、今までの自分の考え方をチェンジするために、**脳**

の安定リミットを外す。ひと言でいうとバカになります（笑）。僕の個人的な感覚ですが、自分の中で安定志向が強いほど左脳を使って「常識的か？」「前例があるか？」など、ものごとの正当性を判断しているイメージがあり、リスクを察知すると安定リミットが働いて、思考がストップ。そのままではチャレンジに必要な新しい柔軟な考え方ができません。だから右脳を使った突拍子もない発想によって安定リミットを外して考え方をチェンジする！

方法は実にシンプルです。**バカなことを決してバカにしない**。どんなにくだらない発想もすべて肯定するだけ。周囲の反応は気にしなくてOK。というより僕は周囲から笑われるほど、自分がチェンジできた証拠だととらえています。実際にやってみると、自分の発想のキャパシティが実は大きいことに気づいて驚きますよ。**僕のチャレンジへの第一歩は、こんなことを言ったら笑われる、到底無理じゃないかといつもなら無意識に打ち消してしまうような発想から**常に始まっています。

たとえば、僕にとって「陸王」というドラマ作品での俳優への挑戦も大きなチャレンジでした。「この年齢でできるのか？」「挑戦してもいいのか？」「失敗したら？」安定リミットはなかなか外れなかった。でも僕の心の声は「やりたい！」と言っていたんです。だから自分を肯定して挑戦を決意。その結果、テニスプレーヤーとして現役で戦っていたとき以来の緊張とプレッシャーを感じましたが、人生の宝物のような貴重な経験を得ることができた。**チャレンジは自分をチェンジして新しい自分に出会えるチャンスです！**

Q
心がマンネリ化して、何に対してもドキドキワクワクできません

感じる力を常にアップグレード!

A
「修造さんの言葉って、大きくとらえるとどれも似ていませんか?」

先日、こんなご指摘をいただきました。鋭い! そのとおりです! もとをたどれば同じ松岡修造なので当然といえば当然ですが(笑)。僕が楽しく、モチベーション高く過ごすための核心部分に近づくほど、似たような表現かもしれない。**大事だからこそ、根幹部分は共通しているのです!**

ちなみに僕は、人から同じことを言われたときに「もう知ってる」とか「わかってる

から」と思うことがほぼありません。**日々変化、成長していれば、いつも新鮮な気持ちで感じられるはず**だから。言葉は同じでも、聞いたときの状況が違う。場所、天候、季節、なにより自分が変わっている。同じ言葉でも、どのように心に響くかによって、今の自分を感じたいのです。

ジュニア選手の指導でも「同じ言葉をどれだけ新鮮に聞けるかが上達を決める」とよく言っています。テニスのプレーでは、「体重を前へ」「準備を早く」など基本ワードはほぼ同じ。でも**トップ選手ほど常に同じ言葉を新鮮にとらえる力がある。だからモチベーションがなくならない。**

要はとらえ方次第なんです。どうやって新鮮にとらえるか？　というと、僕の場合その方法は実に簡単。**ルール1、先入観を捨てる。ルール2、いつもより少しだけ意識して自分の心に耳を傾ける。**ただそれだけです。まず過去の自分の考えを含めた事前情報を徹底してシャットダウン。おびただしい情報に影響されて、今の自分の感じる力が鈍るのを防ぎます。それだけで自分の心から「なんとなく」とか「とりあえず」が減っていくのを実感できる。その後、真っ白な今の心が何を感じているのかに集中する。たったこれだけのことと思うかもしれませんが、何度も繰り返していると〝今を感じている自分〟に気づき、〝感じる〟ことが楽しくなる。そして自分らしさに気がつき、強い意志を持てるようになってきます。

今は刺激的な情報が外から大量にやってくる時代。だからこそ、**変わらない大切なことに対して、常に新鮮さを感じていたい**と思っています。

Q

人生における大切な場面でも、覚悟が決められません

ミニ覚悟を積み重ねる！

A

僕は覚悟を文字どおり「**悟りを覚える**」ととらえています。悟りとは気づくこと。「**これが自分のやることだ！」と自ら気づいて実践している状態**。そこには一切の迷いがなく、一度決めたらどんなことがあってもやり抜くという強い意志の力を持った言葉です。

僕の覚悟の経験を振り返ると、やはりいちばんはテニスでしょう。テニスのために学校を変え、プロになると決めたとき、僕は太い幹のような大きな覚悟を持ちました。**源**

になったのは、プロの環境に挑む可能性が見えたときの「絶対にやりたい」という自分の中の強い思い。今思い出しても、まさに覚悟という言葉がぴったり当てはまる。その覚悟は、心が弱ったときに「できる！」と自分を後押し続けてくれました。

ここまでがまず、僕の大きな覚悟の話。もちろんすべてにおいて同じように覚悟を持つことができたら素晴らしい。でも難しいこともありますよね。一切迷いがないとまでは言い切れないけれど、「よしやるぞ！」と前向きに取りかかりたいこともある。そんなとき、僕は自分の中にだけこっそりと、**覚悟をビッグとミニに分けて**とらえています。

ミニ覚悟とは何か？　たとえばテニスで考えると、ビッグ覚悟が「テニスを継続して、大きな試合に勝つ」ならば、ミニ覚悟は「今日どんなことがあっても腕立て伏せを50回する」といったイメージです。**ミニ覚悟は、未来のビッグ覚悟に向けての準備段階。**だからたとえ達成できないことがあっても大丈夫。一所懸命、覚悟を持って行ったなかでの失敗は、反省として次により大きな覚悟を持つ力になります。

覚悟を持つプロセスは人の数だけさまざま。大きな決断によって太い幹のような覚悟を決める人も、ミニ覚悟から積み重ねる人もいるでしょう。

いきなりビッグ覚悟を持てなくても大丈夫。僕も、ミニ覚悟を積み重ねることで前向きな力を日々得ています！

Q

今迷っていることから早く抜け出したいです

とことん迷ってクネっていこう！

A

人生は迷いの連続。でも僕は**迷うことをマイナスにとらえていません。**僕は基本的に〝クネ造〟です（笑）。なぜ人は迷うのか？　選択肢があって、自分で選べるからでしょう。最良の選択をするために迷う。**迷っている間は自分がどうしたいのかを考える大切な時間**です。

僕の場合〝クネ造〟を極めたあとに〝よっしゃ行く造〟となって決断。その後〝ストレートダッシュ造〟になって全力で前に進む段階があります。クネ造なしにストレートダッシュ造には決してなれません。クネ造の時期を経るからこそ最終的にブレずにまっすぐ前進できる。

クネっているときのマイルールは二つ。**一つは、必ず自分で決断する**。他人の意見で決断すると、他人の人生の道になってしまい後悔の原因になるからです。どんなに状況が似ていて参考になる他人の意見も、自分と置かれた立場が100%同じことはありません。周囲の意見を聞いてバランスをとることも大事ですが、最後は自分の心のバランスを優先して選択しています。そのうえで**二つ目は、決断後はクネらない**。これをしてしまうと、人生が永遠に迷い道になってしまいますから（笑）。

僕のテニス人生において最もクネったのは、プロになるかどうかの決断。**自分が何をやりたいかがいちばん迷いました**。答えが自分の気持ちの中にしかないうえに正解がない。成功の保証もない。相当クネりましたね。ただ最終的にプロへの決断をしたときに感じたのが、自分に正直にやりたいことを選択すれば、結果は大きな問題ではないということ。自分で決断すれば結果に関係なく納得できる。また、ものごとに真摯に向き合って出した結論であれば、そこまで周囲に迷惑や負担をかけるものではないと思っています。だからとことん迷ったあとは決断を怖がる必要はない。

クネっている間は行ったり来たりしているから戻ってこられるし、決断後も人生の道は続いていて、クネった先は崖ではありません。思う存分迷って出した自分の選択によって、成功しても失敗しても糧にしながら歩みを進めればいい。繰り返しますが**大事なのは自分で決断して自分の道を歩むこと**です！

Q 真面目だと言われることが多く、本来の自分とのギャップを感じます

アリのままで♪

A **僕も「熱い！」と周囲から言われますが、自分ではどこが熱いのかわかりません**（笑）。でも熱いと言われることは大歓迎。「僕の生き方をポジティブにとらえてくれてありがとう。これからもありのままの松岡修造で生き続けたい！」と思っています。

その理由はというと、まず、僕が〝自分らしさ〟を意識したのはテニスの現役時代。試合の大事な場面やチャンスボールでミスが多かった僕は、メンタルの先生に「なにごとにも一所懸命すぎる。もっと力を抜け」と言われました。そこで自分らしくプレーす

るために、あらゆる脱力トレーニングを試したんです。ところが自分らしさを求めて始めたのに、ことごとく自分らしくないと感じてつらくて仕方なかった。「たとえミスをしても、**力が入りすぎているのが僕らしいんだな**」と気づいた瞬間でした。

以来、ありのままの自分がいちばん自分らしいと思って生きています。もちろん周囲から思われている〝松岡修造〟と自分自身が常に一致しているわけではありません。僕にも驚くほど冷静な一面があるし、「本当はそうじゃないのに」と思うこともしばしば。ただ、そのギャップも前向きに受け止めて楽しんでいます。ありのままだから全部ＯＫ。周囲の見方もプラス効果として自分に注入してパワーアップするイメージですね。

唐突ですが、**アリといえば真面目な生き物の象徴。でも「これが本当の自分らしさなのか？　自分は真面目に生きすぎていないか？」とは思っていない**と思うんです。もちろん周囲から褒められたくて勤勉でいるわけでもない。まさにアリのまま（笑）。周囲を気にすることなく、**自分と素直に向き合って、きっと自分のことが好き。だから幸せ**なんじゃないでしょうか。

他人から言われる自分も含めてまるごと愛すべく、もっと自分を好きになるといいかもしれません。僕のように一度極端に肩の力を抜いてみるのも手。自分はどちらのほうが自分らしいと感じるのか。僕はその経験によって自分らしさに気づきましたから。より自分を知って、好きになることができると、逆に力が抜けるかもしれませんよ！

Q 仕事がつまらないと感じ何度も転職しています

“ポジティブ妥協”ならしてもいい

A まず、**転職することは悪くない！** と僕は思う。アメリカでは転職経験が仕事のできる人を表す要素のひとつでもある。僕はその感覚に近いです。ぜひ今まで仕事で経験したことすべてをプラスにとらえて糧にしてほしい。

そのうえで僕自身を振り返ると、「仕事がつまらない」と感じたときに、**常にとんでもなく妥協をしている**ことに気づきます。妥協するというと我慢するとかあきらめるというイメージもあるかもしれませんが、僕はただ我慢しているわけではありません。

僕の妥協のとらえ方にはポジティブとネガティブの2種類あって、僕がするのは〝ポジティブ妥協〟のみ。二つの差は、妥協の先にやりたいことが見えているかどうか？です。**ポジティブ妥協とは、最終的にやりたいことのために、目の前のつまらない状況に耐えたり、変える工夫をすること**。ネガティブ妥協は、やりたくないけれど言われたから仕方なくやること。これだとどう努力してもやりたいことや自分らしさが見いだせないため、僕はネガティブ妥協はしません。

ポジティブ妥協の場合、妥協するにもかかわらず、モチベーションの維持につながります！　先に自分のやりたい目標が見えていることで、つまらない嫌な仕事を必要なことととらえられ、自分らしく楽しむことができる。たとえば、どんな単純作業もやりたいことのためならただ嫌々やるより、何か工夫してみようと思いませんか？　**自分のリズム、自分のやり方、自分らしさを盛り込みながら自分バージョンを作り上げることができる**。それは、仕事の楽しさや魅力を見つけるプロセスそのもの。ポジティブ妥協なら、つまらないと感じる仕事にもモチベーションを見つけられるというのが僕の考えなんです。

基本的にモチベーションは上下するもの。誰にでもモチベーションが下がるときは必ずやってくる。このとき大切なのは目の前の状況に落ち込んで一喜一憂しないこと。自分のやりたい目標を見失わないように、あの手この手で上昇気流を待ちましょう！

Q

悩みがたくさんあり、心がスッキリ晴れません

悩みがあるって最高だ！

A

悩みを抱えているときは、前にも後ろにも進めず、心が重くつらいもの。でも僕は、悩むこと自体が幸せな状況だと思っています。そもそも**人は自分で決められる要素があるから悩む**ことができる。すべて決まっていることには悩む余地がありません。たとえば、仕事を続けるかどうかも、辞める選択肢があるからこそ初めて悩める。そう思うと、悩んでいる今の状況に感謝する心が湧いてきませんか？

自力で悩むことは新しい自分に出会うチャンスです。僕は、〝**悩む＝自分のことを真**

剣に考える〟ととらえています。自分がどうしたいのかを、自分の中から真摯に掘り起こすことで、成長した新しい自分と出会える。だから、周囲に惑わされないことが大事になってきます。頼りがいのある先輩や友人の言葉を聞くと、つい「それが答えだ！」と思いたくなりますが、僕の経験からそれはほとんど思い込み（笑）。自分で考えて答えを出さないと、また同じような悩みにぶつかる繰り返しになるだけです。

自分はもうダメだと落ち込み続けるのはNGですが、自力で正面突破すれば成長した自分に出会えるチャンス！　そう思って前を向きましょう。

そして答えが出るまで、**悩みは辛抱強く抱え続けるべし**。答えはなかなか見つからなくてOK。すぐ考えて答えが出ることは逆に本物の悩みじゃない。僕の場合は、**答えが見つからないときは、日々一所懸命過ごすことで、自分がいちばん何を大事にするかをキャッチ**し続けて、自分らしい、自分にしか選べない答えを見つける糸口にしてきました。

実は振り返ると、僕も30歳のときにテニスの現役生活を卒業し、結婚も決断。人生において大きな節目を迎えました。そこに至るまでには、どれだけ悩み考え抜いた日々があったかわかりません。そして悩み抜いた結果、新しい自分と出会えたと今はっきり言えます。

今抱えている悩みも、必ずや未来の自分にとって大きな糧になるに違いない。成長した自分と出会うために悩んで悩んで悩みまくりましょう。

Q 忙しくなると食事がおろそかになってしまいます

食べることは勝負だ！

A 僕にとって、**ネガティブをポジティブに変換するエネルギーの源は食**、と言っても過言ではないくらい食べることが大好きです。僕ほど真剣に食事に関して考えている人はいないのではないでしょうか？　僕の食へのこだわりはちょっと普通じゃないレベルらしく、以前、僕の食事中の姿を見た人が、「普通そこまでするか？」とあきれていました（笑）。

まずひとつが呼吸法。僕は食べる前に必ず腹式呼吸を繰り返します。次に、空気が入ってくる瞬間、食べ物が胃に入ってくるのを意識しながら「ハッハッ、ハッハッ」と声を出して息を吐き出す。そうすると胃の中がおいしく食べるための最高の状態になるんです。

たとえば1週間後に以前から行きたかったレストランを予約するとします。そんなときは準備も念入りです。だってそれは、僕にとっては、グランドスラムやオリンピックと同じ大切な試合ですよ。当日いいパフォーマンスをするために、**徹底してコンディション調整をする**。予約したのがフランス料理だったら、その日まで決してフランス料理を食べないし、当日の朝食や昼食は脂っこいものも厳禁。当然おやつを出されても手を出さない。「今日の夜はフレンチなんだぁ」と言いながら、パクパクおやつを食べることなんて考えられません。そういう人を見ると「本気で勝負する気があるのか！」と言いたくなります。余計なお世話ですが（笑）。

時間があれば、食前に30分程度の軽いジョギングができるとベスト。ないときは15分あれば腕立て伏せをしたり、呼吸法で胃の状態を高めて準備。逆におなかが空《す》きすぎる場合もバナナや栄養補助食品で微調整する。

なぜそこまでこだわるのか？　それはそのほうが僕にとってはおいしく食べられるから。ベストコンディションで臨んで食との勝負に勝ったとき、つまり最高においしかったとき、そのぶんだけ幸せが待っている。噛《か》んで、噛んで、噛んで、ありがとうと**心から感謝せずにはいられないおいしさを得られたときは、自然と自分の状態が前向きになっています！**

Q

オンオフの切り替えがうまくできず、休日が楽しめません

全力プライベートが仕事のバロメーター！

A

難しい問題ですが、僕が迷いながらたどり着いた結論は、**仕事は常に100%頑張るのが当たり前。だからよりよく働くためにプライベートを頑張る。**プライベートでどれだけ楽しめるかをバロメーターにする！　働くことは大事ですし、仕事があるのも幸せなことですが、仕事の評価は量ではなく質。その質は、どれだけ自分らしい工夫ができるかというのが僕の考え。そのための感覚を僕はプライベートで養っています。

僕は、ダラダラ過ごすうちに休日が終わってしまうことがありません！　先日、フランスの友人が２カ月間休みを取ると聞き、さすがお国柄、長さでは負けたと思いましたが、休みを満喫する気持ちは負けていないと自負しています。僕のオフの楽しみは、主に映画や食事。時間は短くても常に本気です。もし映画を観るならば完全集中！　自宅で観る場合もＤＶＤの一時停止ボタンを押すことは決してありませんし、始まったらひと言も話しません。忙しく予定を詰め込むのではなくて、そのときに望んでいることを徹底して行動する。疲れているならば思いっきり寝るのもＯＫ。

すると、**プライベートを楽しめるほど、仕事に感謝ができて頑張れることに気づきます**。そして、自然と笑顔が多くなって生き生きするので、仕事の現場でも、「いつもより元気があるな、頑張っているな」と周囲から評価してもらえる。プライベートから得たエネルギーによって、無意識に仕事へのモチベーションがアップするんですね。

そして、**仕事もプライベートと同じ〝楽しむ感覚〟を持ってできるようになる**。仕事にただ従事するのではなく、自分ごととしてとらえられるようになり、プライベートを楽しむ感覚が反映されて、仕事の課題の中に自分が楽しむための工夫が生まれる。それが仕事のクォリティアップにつながっていくのです。それはただ遊園地に行って楽しむような感覚ではなくて、きついことをも楽しめる境地にたどり着くイメージ。その充実感が〝仕事のやりがい〟につながっていくと僕は思っています。

Q
新しいことを始めても、モチベーションが続きません

崖っぷちをつくって底力を出せ！

A
モチベーションを考えるときに必ず思い出すのが**羽生結弦**《はにゅうゆづる》さん。男子フィギュアスケート界の世界王者。羽生さんはとんでもない人です。前人未到の世界最高得点を出したあと、普通ならばモチベーションが下がってもおかしくないはず。でも羽生さんの場合はますます上り調子。一体なぜでしょうか？

尋ねたらこう教えてくれました。**「修造さん、僕は崖っぷちが大好きなんです。嫌いだけど好き。だって、モチベーションを上げるにはそれしかないから」**。世界一自分を

追い込んでモチベーションを上げる天才の具体的な方法に迫ってみたいと思います。

まずは2015年に世界最高得点を出した約1カ月前から。グランプリシリーズのカナダ大会で羽生さんはパトリック・チャン選手に負けて2位でした。悔しかったと思います。そこで彼はどんな崖をつくったか？　表彰台に上がるときにパトリック選手に「次は僕がそこ（1位）に立つ」と宣言。それを実現するために4回転ジャンプを2回入れた新しいショートプログラムに挑戦したんです。それを聞いた僕は、むちゃだ！と思いました。カナダ大会では一回も決まっていなかったのですから。でも羽生さんにとってそんなことは関係なかった。**負けた悔しさを乗り越えるために、自分を奮い立たせる今以上の崖っぷちが必要だった**のです。そしてその崖っぷちで死にもの狂いで闘った結果、次の大会では見事世界最高得点をたたき出しました。

そこで終わらないのが羽生さん。王者となったあとも、彼の中には即、新たな崖が誕生。それは「もう一回できるのか」ということ。一回だけの奇跡ではないことを証明する崖っぷち。それも見事にクリアしたのです。

僕はそばで応援していたからよくわかりますが、試合のたびに自分を崖っぷちに追い込む羽生さんの姿は本当にスゴかった！　まぶしかった！　思い出すたびに勇気をもらっています。もちろん羽生さんのような崖っぷちには僕はとても立てませんが、**崖の高さは人それぞれ。低い崖でもいいから、自分が奮い立つ状況をつくってみること**、それがモチベーションをアップさせるためには大事だと学びました。

Q 自分の能力がすべて平均的で強みがないように感じます

〝自分平均〟を上げていけ！

A **平均であることはすでに立派な強み**です！　そもそも、アップダウンがなくコンスタントに評価を得るのは難しいことです。仕事のスキルのバランスがよく、地道にコツコツ結果を出している証拠ではないでしょうか。会社において大事な人材です。社員がリスクをいとわぬチャレンジャーばかりだったら、経営が安定せず大変ですよね。

ちなみに僕はどちらかというと平均ではないタイプ。変わっているし、普通じゃない（笑）。ただ、普通じゃないものが好きというわけではないんです。どちらかというと、僕はみんなが好きなものに憧れていて、たとえば車やファッションは多くの人に愛されているものを選んでいます。街で自分が乗っているのと同じ車を見かけると手を振りたくなるくらい、多くの人が同じものを共有している〝普通感〟が大好き。それは多くの仕事をするうえで必要な感覚でもあります。そんな**普通の感覚を持った人は、おそらく平均ゾーンに最も多い**はず。僕からみると、自然とそこにいられるのはすごいことです。

では「平均である強み」を生かして仕事をするにはどうしたらいいか？　僕だったら、**自分の平均値を平均的に上げていく**でしょう。自分の今までやってきた仕事の取り組み方やバランス感覚はそのままに、ほんの少しずつ能力をブラッシュアップしていく。すると平均的な評価だった自分の仕事の実力が少しずつ上がっていって、周りとの平均値は間違いなく変わっていくと思うんです。**最初は自分平均＝みんな平均ですが、徐々に自分平均＞みんな平均になる**でしょう。バランスのとれたきれいなレーダーチャートがそのまま大きくなっていく様子をイメージしてください。まさに「強みは平均である」の究極形ですね。

大切なのは、自分の強みを自覚したうえで、それを生かしていると実感することです。人ってなかなか変われないですよね。だからこそ今ある自分のよさを生かすことがいちばん自分らしく仕事をすることにもつながる。**強みは特別なことじゃなくていい！**

Q

本気になりたいという気持ちはあるのになれません

本気という名のジェットコースターに乗れ！

A

僕は「本気」という言葉が大好き。**一つのところに命を懸ける、自分が最も自分らしくいられるとき**だからです。「修造さんみたいに本気になりたい」と言われることも多いのですが、僕自身、今も「どうやったら本気になれるか？」を模索している一人。

一体なぜ、本気になるのは難しいのでしょう？　僕は恐怖心が原因だと思っています。失敗への不安と、頑張りたい気持ちのはざまで心が揺れ動く。このやっかいな恐怖心。

尻込みして消極的な選択を続けていると、自分の力を過小評価するようになり、やりたいことを先延ばしにしたり、行動しないうちから漠然とした挫折感にとらわれてしまうことも。

そこで、僕は、**恐怖心に打ち勝つためにジェットコースターをイメージ**しています。なぜなら上がったり下がったりを繰り返すアトラクションだから。本気になることもジェットコースターに乗るのと同じで、自分の状況が上がったり、下がったりする。本気になって高い目標をクリアするために失敗はつきもので、失敗して下がるからこそ、それを糧に上がって成功することができる。**本気とは失敗と成功で一つのセット**。「だから心配するな、失敗もコースの一部だ！」と自分を奮い立たせています。

本気とジェットコースターにはもうひとつ共通点があります。それはドキドキ感。**本気になると「新しい自分」と出会うワクワクとスリルを両方味わえる**。想定外のアップダウンによって、自分の殻を破って今までに経験したことのない最高と最悪の新しい自分に出会える。キラキラした自分ばかりではありません。見たこともないほど弱くて、情けない自分も。むしろそちらのほうが多い（笑）。過去の「つらい」が「つらすぎる」に、「うれしい」が「この上ない喜び」に更新されるのです。

そして、どんなに**小さくても本気のジェットコースターに乗ったあとには、自分の殻を破ってトライしたご褒美に自信を得る**ことができます。その繰り返しが自分らしさを磨くことにつながる、と僕は思っています。

Q

ふとしたときに、自分だけ不幸な気がしてしまいます

いつも心はシンデレラ

A

この言葉は、東京2020オリンピック・パラリンピックのマスコットキャラクター、〝ミライトワ〟と〝ソメイティ〟の作者であるイラストレーターの谷口《たにぐち》 亮《りょう》さんにお会いしたときに生まれました。**シンデレラにはどんな状況も受け入れて、その中に幸せを感じる強さがある。**彼女のような心を持てばいつも幸せを感じることができる、という意味です。

僕は最初、谷口さんが路上で絵を描いて売っていたころの話を伺って、苦労されたな

かで一気に王子さまと結婚したようなまさにシンデレラストーリーを実現されたと感じ、「シンデレラおじさん」と彼のことを呼んでいました。ところが谷口さんが「いや僕は全然苦労した感覚はないんですよ」とおっしゃったんです。

僕はハッとしました。「そうか！　シンデレラも谷口さんと同じだったのかもしれない」と気づいたんです。シンデレラは王子さまと結婚したから幸せになったわけじゃない。**最初からずっと幸せを感じていたん**じゃないか。だから常に笑顔だった。周囲が勝手に苦労したと思っているだけで、本人はそうとらえていない。「**いつどんな状況でも幸せを感じられる心がシンデレラを輝かせていたん**だ！」と謎が解けた気がしました。

以来、僕の中でシンデレラに対する思いが大きく変化しました。夢がかなって幸せをつかんだと思われがちですが、**幸せは環境によって生まれるものではなく、自分のとらえ方次第でいつでも感じられる。**他人と自分を比較しないから、「私だけどうして」という愚痴にならない。よって自分の幸せ度が安定している。そして、自分が幸せだと感じられる人は、他人に幸せを伝えることができる。笑顔で一所懸命なシンデレラを見てみんなが幸せをもらい、かかわりたくなる。実に学ぶことだらけです。

谷口さんもシンデレラと同じく、周囲にいる人が自然と幸せを感じられる温かい人でした。**生き生き生きている人はどんな環境でも、心がシンデレラ**なんだと思います!

第4章　人間関係を楽しむ

Q 他人を尊重したり大切にする心が持てません

お・も・い・や・り

A

自分よりもほかの誰かのことを大切にする気持ち。人間関係をポジティブにする最大のパワー、思いやりは世界を変える！　わかってはいるけれど僕も難しい。できない理由も自覚しています。やっぱり自分が大事だから。

でも年齢を重ねるとそうも言っていられません。思いやりが必要とされる場面も多くなります。たとえば、仕事の人間関係。考え方の違う他人が一緒に仕事をするのですから、みんな同じ意見になることばかりではありません。意見がぶつかることもしばしばです。その場合、相手の考えのダメなところばかり責めたところで、ものごとが前向きに進むわけではありません。僕自身も仕事でそういう経験をするたびに、**人間関係のネガティブな感情をポジティブに変えるには、他人を尊重する思いやりしかないのではないか**と思うようになりました。

結婚はその最たる例です。継続するためには思いやりがすべてと言っても過言ではありません。人は知れば知るほど束縛しようとしたり、自分の思うようになってほしくて相手を尊重するのが難しくなる。加えて家族だからという甘えも出てくる。はっきり言って**夫婦の愛は思いやりという名の努力と忍耐**。つくづく結婚は心を強くする修行の場だなと思います。

そして、思いやりの大切さを再認識したのが東京２０２０オリンピック・パラリンピック開催を決めるプレゼンのあの「お・も・て・な・し」。聞いた瞬間に「そうか、俺たちにはおもてなしがある！」って思いませんでした？　と同時に、思いやりも同じじゃないかと思ったんです。現役時代に一年のうち10カ月以上海外遠征に行って、外側から日本を見て感じた、日本人が持つ思いやりの心、また、仕事で日本各地を取材して感じる地元の皆さんの思いやり。**おもてなしだけでなく、思いやりも昔から大切にしてきた日本人の宝物。**すでに自分のＤＮＡの一部じゃないか！　って。

それ以来、思いやりを持ちたいけれど持てないときに、心の中で繰り返し、今では**できる限り日々の行動すべてに「お・も・い・や・り」をくっつける**よう心がけています。

Q 隙がなく、とっつきづらいとよく言われます

〝隙間〟を〝好き〟になれ！

A 隙がないなんてスゴイことですよ！　僕なんて隙だらけ（笑）。隙がない人が自然に隙を見せるにはどうすればよいかと考えてみると、**「隙を見せる」ことは「間をつくる」**ことと似ているのではないかと思うんですよね。いつでも誰かが入ってこられる空間をつくる感覚。たとえば僕は、会話の中で意識的に一拍置いたり、あえてユーモアを交えることがあります。**〝間〟があると相手がコミュニケーションに入りやすいし、会話のキャッチボールが豊かになる**からです。「〝隙間〟を〝好き〟になれ！」という言葉も

「なに？　ダジャレですか？」とつっこんでもらえると、僕としてはうれしい限り（笑）。

これは隙から少し離れた例かもしれませんが、テレビ番組で僕が進行する場合、印象深く感動的なＶＴＲが流れたあとは、あえて２～３秒話し出さないことがあります。〝間〟があきすぎないよう配慮しながらも、その**〝間〟によってみんなが加われる、共感できる空間をつくりたい**と心がけているからです。

隙がないと言われるということは、仕事では誰よりも早く気づいて、即行動するタイプなのではないかと想像します。それは正しいことなのですが、隙を見せてフランクな人間関係をつくりたいと思ったとき、少し行動を起こすタイミングを待って〝間〟をつくってみると何かが起こるかもしれませんよ！　もしかしたら誰かが気づいて行動し、「ありがとう」と言うチャンスが生まれるかもしれない。ほかにも、**後輩に何か質問されたときに答えがわかっていても即答せず笑顔で一拍間を置いてみると**、後輩がより多く話せて互いの距離が縮まるかもしれません。会議での発言時に、いつでも誰かが入れるようにゆっくり話したり、場の緊張を解くような面白い発想を取り入れることも一種の〝間〟。実践できるとあなたのおかげで会議が盛り上がることでしょう。

〝間〟っていい意味で、居心地がいいんですよね。きっと普段とのギャップから周囲に大歓迎されること間違いないと思います。

Q

「周囲から求められること」と「自分らしさ」にギャップがあります

スムーズな流れに全力で乗る！

A

ベストを尽くす！

自分ができることをすべて出し尽くすこと。僕が好きな言葉です。僕もベストの尽くし方が、現役のテニスプレーヤー時代と今のテレビのスポーツキャスターやテニス解説、CMといった仕事では大きく変わりました。現役時代は試合に勝つために徹底して自分のために動いていましたが、今の仕事の中心は番組やCMのスポンサーの会社の人たちで、僕はひとつの駒。**スムーズに仕事を進めるために相手の要望や考えを尊重したうえ**

で自分を出し切ることも、ベストを尽くすことだと考えています。

たとえばＣＭの記者会見。「僕がこうしたい」ではなく、スポンサーの会社が「どんな会見にしたいか」という目標に向かって、どういう言葉やトーンで話すかを事前に丁寧に打ち合わせます。そこでもしも、とことん面白くとの要望だったら、大事なポイントを押さえたうえで「松岡修造がこんなことをやってる！」と皆さんに笑ってもらえるよう全身全霊でベストを尽くす。意外？　天然だと思ってました？　それなら本望です。

僕は求められることが自分の意見と違っても、自分らしくないと思ったことはありません。**与えられた枠の中で自分らしさを発揮するのも仕事の醍醐味だから**。スムーズってなめらかに流れるいい言葉ですよね。**スムーズな流れに乗っているときは皆気持ちがいいはず**。周囲を信じてその流れに全力で飛び込むのも、経験を積んだからこそできるベストの尽くし方です。

もちろん、だからといってすべての仕事で流れに身をまかせるべきだと言っているのではありません。自分のポジションによって望まれているときは、リーダーシップを発揮して新幹線のように突っ走っていい。

僕が言いたいのは、**流れに乗るか、流れに逆らってでも行動を起こすか、しなやかに状況判断できる人が「仕事のデキる人」**であり、どちらもベストを尽くすことには変わりがないということ。道は一つじゃない。どんな形でも、全力の先で新しい自分と出会う喜びを味わいましょう！

Q

人見知りで、人とのコミュニケーションが苦手です

仕事において人見知りは最強だ!!

A

僕も典型的な人見知りです。人見知りの意味を辞書で調べると「恥ずかしがり屋、照れ屋、内気、はにかみ屋」とあるんです。要は可愛《かわい》らしい性格ってことですよね（笑）。その逆よりずっといいと思いませんか。愛すべき日本人らしいキャラクター。**人見知りは悪くない。立派な文化です！**

でも仕事上どうしても社交的にならないといけない、となると話は別。そこは割り切った努力が必要。僕の近くにその最たる例がいるんです。

それは僕のマネージャーの女性。行動力もずば抜けていて、誰もがリーダーとして頼りにしています。ところが彼女は、プライベートではお寿司《すし》屋《や》さんで注文ができないほどの人見知り。僕が「今頼みなさいよ」と言っても、「職人さんが、仕事をし始めたから」とわけのわからない気をつかう。

そんな彼女でも、仕事の場では必要に迫られて変わった。そうせざるを得なかったのでしょう。彼女を見ていると僕は、人は変われるんだ！　と感動すると同時に、「**人見知りだからこそ、〝仕事上の理想の自分〟を割り切って演じられる**のかもしれない」と勇気をもらいます。素のキャラクターの延長では、なかなかあそこまで高い仕事のパフォーマンスや交渉力を発揮できない気がするのです。でも彼女、今もお寿司屋さんはまだダメ。そこは仕事じゃないので頑張らない。そのギャップも魅力です。

彼女の頑張りには足りませんが、僕が仕事上で**人見知り特有の逃げ腰コミュニケーション克服のために心がけているのが、「相手を知るアンテナを張る」「会話を質問形にする」**。周囲を観察することや気をつかうことは人見知りの得意分野ですよね。仕事現場ではそれを存分に発揮するべし。相手が今何を希望しているのか、常にアンテナを張っておく。そして、質問形で話しかけ会話が続く努力をする。あとは、マネージャーから学んだ〝なりきり作戦〟で、トークが得意な自分になりきる！

人見知りのおかげで僕は毎日アカデミー賞の俳優気分で、仕事版の松岡修造を楽しんで演じています！

Q 上司と後輩の板挟みになることが多く、疲れます

サンドイッチの具になれ！

A

板挟みとはまさにサンドイッチ状態！　上司と後輩の間のコミュニケーションの風通しをよくし、調和に導く仕事が簡単ではないことは間違いありません。でもとらえ方を変えると、**調整役はサンドイッチでいうと〝具〟の部分。いちばんおいしいメインポジション**です！　パンのよさを引き出すのも具の働き次第。せっかくの大切な役割ですから、前向きにとらえられるといいですね。

なぜなら調整役には圧倒的なポジティブパワーが必要だから。ときには険悪なムード

になっている上司と後輩の関係をつなげなきゃいけないこともあるかもしれない。常に**調整の先にある〝仕事の成功〟をイメージした前向きな行動力が必要**です。双方の気持ちを推し量ったうえで、〝仕事の成功に向けて二人がどうなるといいか〟を考え、必要なことをおのおのに伝えていく。何を伝えるか判断し、状況をコントロールするのが調整役の醍醐味でもあります。「後輩がこんなことを言っていました。最悪ですよね」などとマイナスな報告をするとその場の会話は盛り上がるかもしれませんが、解決にはつながりません。その場合は「今、後輩がこう感じてしまっているので、こういう言葉を伝えたら変わるかもしれません」などポジティブな伝え方が必要でしょう。

僕はコーチや選手から話を聞いて**お互いに伝えるとき、直接は伝え合っていないであろう言葉をあえて感情とともに伝える**ことがあります。たとえば選手に「このコーチは君をものすごく信頼している」、コーチには「もう選手はあなたしか信じていない。本気で思っていますよ」といった具合です。口調も声色もそれぞれに完全になりきって臨場感たっぷりに伝える。すると「そんなに自分のことを思ってくれていたのか」と、双方の気づきにつながることが多い。もちろん嘘はいけませんが、そういった伝え方の裁量も含めて調整役の仕事だと僕はとらえています。

縁の下の力持ちですが、まさにチームを仕事の成功に導く大切な存在です。

Q

部下の叱り方・褒め方に悩んでいます

正しい〝叱る〟は〝褒める〟につながる！

A

暴力やパワハラは１００％いけませんし、感情的に怒鳴るのも問題外。ただ、成長を促すためには、間違っている状態を褒めてばかりはいられません。叱って軌道修正する必要がある。そのうえで僕は、正しく叱れば褒めることにつながると思っているんです。

修造流正しい叱り方の条件は二つ。

その１、叱る前に本人のやる気を確認する。基本的に本人にやる気があって、僕が

「もっとよくなる！　こう変われる！」と思えたときしか叱りません。だから「君の心を教えてくれ。君が成長したいなら、僕は本気でかかわっていくよ」と普段から声をかけて、本人のやる気を確認。僕はそのやる気をサポートするために叱っていると伝えています。

その2、叱る内容は、改善点とその方法を具体的に。たとえば、相手が失敗したときに「何をやってるんだ！」と自分の感情を一方的にぶつけることは僕の中では〝怒る〟。「なぜこうなった？」と聞いたあとに「この点は改善の余地があるから、次はこう変えよう！」など、相手のことを思って言うのが〝叱る〟。徹底的に情報収集して、失敗の原因や改善点、その方法を具体的に把握したうえで、相手の性格に合わせてタイミング、言葉、言い方、声のトーンを考えて、いざ叱る！

すると**一度叱ったあとは、たいてい褒めることになる。叱った点が改善され、そのまま褒めるポイントになるから**です。わずかな成長も見逃さず、努力に応じて褒め方を変えると自然に褒める回数が増えるはず。もしも同じことを叱らなければならなくなったら、相手に伝わっていないサイン。こちらの伝え方を変える必要がある。その結果、僕の場合、ジュニアの指導では、叱る3：褒める7ぐらいの割合になっています。

正しい成長に向かって、努力の方向性を具体的に伝えるために叱り、その後の頑張りを認めるために褒める。結局は、**叱ることも褒めることも、相手の成長を期待し、見守る思いを伝えること**だと思っています。

Q

働き方改革により「残業禁止」に。突然のルール変更に戸惑います

わたし、〝定自〟で定時で帰ります

A

もし僕が同じ立場になったら、ルールが変わったのだから、いったん過去を忘れてまずは新ルール内で試行錯誤してみるでしょう。そのイメージは、**「定時で帰る」という新ルールに自分を定める。**〝**定める自分**〟**を略して**〝**定自**〟感覚と言いましょうか。そうすることで解決策が見えてくると考えるからです。たとえば、今日入社した職場が今の状況ならどうする？　と自分の中で定めてみる。そうすると、定時までに仕事を終わらせるための効率的な考え方、やり方を新たに探すと思います。

それにはおそらく**仕事の質を上げるしかない**。もしも時間に制約が生じる場合は、今まで丁寧にやっていた過程を切り捨てる必要が出てくるかもしれません。でも細かい部分まで優先順位を考えて決断する必要があるので、仕事への取り組みがブラッシュアップされる可能性大。

制約があるからこそ出てくる工夫もある。たとえば愛知県にある竹島水族館は、マンパワーをかけずにアイデアで見事に観客動員を増やしたよい例です。知恵をしぼって、限られた予算内で展示やショーの見せ方を工夫し、動かない生き物の特性を生かしたショーでは、少しでも動いた途端に「動いた！」ってお客さんも一緒に喜ぶんですよ。

もちろんアイデアで解決できることばかりではないでしょう。僕が**大事だと思うのは、やり遂げられるかどうかより、もしもできない場合に上司に説明できるだけの説得力が欲しい**ということ。新しい試みのなかで問題点が見えたときは具体的にきちんと上司に提示していく。その言葉には解決に向かう説得力があり言い訳とは大きく異なります。

今まで1＋1＝2という仕事の仕方をしていたとしても、同じ答えに至るまでにいろんな方法があっていいというのが僕の仕事論。既存の方法にとらわれず、新しい形で答えにたどり着くことも仕事の面白さ。**新ルールに自分を定めていく〝定自〟感覚を磨くなかで、自分にしかできない仕事の形を見つける**ことができると最高ですね。

Q

人との心の距離の縮め方がわかりません

まずは仕事で両想いになれ!!

A

「こんなに人がいるなかで、二人がお互いを好きになるのは奇跡だ」

僕が言ったわけではありません（笑）。先日見た、海外ドラマのセリフです。互いに想いが通じ合う相思相愛の関係。憧れますよね。恋人に限らず、家族、友人、職場など、**どの人間関係においても、両想いになることはポジティブなパワーの原動力**。だから応援することをはじめ、人と人のつながりを大切に、できるだけ多くの人と両想いになりたい！

でも先日、海外の恋愛ドラマを見ていたら冒頭のセリフが耳に飛び込んできて、ハッとしたんです。現実に両想いになることは奇跡に近いのか、と。確かに自分を振り返っても、人と心が通じ合うのはつくづく難しい。

ならば発想の転換！　**人と人との両想いが奇跡ならば、まずは人以外との両想いから始めればいいじゃないか！**　と。人以外との両想い？　何のこっちゃ？　という感じですが、両想いを〝自分の本気の気持ちや努力が成就した状況〟ととらえてみてください。たとえば仕事に対して、好きな人に「好きです！　つきあってください！」と告白する気持ちで取り組んだらどうなるか？　**自分の行動や考え方によってコントロールできる範囲から両想いを増やしていこう**という作戦を始めたわけです。

まずは仕事のメール。もし好きな人へのラブレターだと思ったら、用件のみより自分らしさが伝わる言葉を選びますよね。仕事の現場でも、いつも笑顔でいますよね。すでに一所懸命取り組んでいた仕事に対して、まだこんなに自分に伸びしろがあったのかと驚くことになると思います。

そうやって仕事との両想い作戦を続けていちばん変わったこと。それは、**自分と仕事の関係にシンプルに集中できるようになった**ことです。そして気がつくと、仕事が僕と周りの皆さんをつなぐ両想いの懸け橋になっていた。これ以上幸せなことはありません。自分と心が通じ合う両想いは自分を照らしてくれるともしびのようなもの。家族、テニス、仕事、おいしいもの、僕は今日もたくさんの両想いにポジティブなパワーをもらっています！

Q 会社にイライラを表に出す性格の人がいて、集中できません

クセを憎んで人を憎まず!!

A

僕は基本的に仕事でイライラすることがないんですよ。なぜならイライラしないとらえ方をしているから。ポイントを二つご紹介します。

その1、イライラしそうになったら、原因を相手の〝性格〟ではなく〝クセ=習慣〟ととらえる。たとえば、依頼した仕事をやってもらえなかったとします。相手の性格のせいだと思うと「なぜやってくれないんだろう？　嫌われているのかな」とモヤモヤしますよね。でも「仕事が遅いクセを持っている人かもしれない」と思うとイライラがト

ーンダウンしませんか？　クセなら無意識だから仕方ない。相手に腹を立てずに仕事をしてもらう方法をシンプルに考えられます。

その2、クセを踏まえたうえで、相手にいちばん伝わるコミュニケーション方法を選ぶ。仕事をやってもらえない場合、僕なら「うまく依頼が伝わっていない」と考えます。きちんと伝えたつもりでも、仕事が遅い人ならば期限やその理由を明確に、途中で何度か確認することが必要かもしれない。**自分の常識を疑ってみる。**ここで「早くしてください！」と自分の感覚で言っても、「うるさい人だな」と思われるだけかもしれません。**こちらのストレス発散コミュニケーションでは伝わらない。**相手の行動を変えるには、相手の立場に立った伝え方が必要です。

伝えるツールも大切。メール、メモ、手紙など用途に応じて工夫する。直接言うと感情的になりそうなら、文章にして相手に冷静に読んでもらうのも手。相手をやる気にさせる具体的な情報を入れるのも有効です。少しでも相手の行動に変化があったら、見逃さずに「ありがとう」と感謝する。その気づきが相手の行動を変えることもあります。

イライラする相手に自分から歩み寄るのは、相手とよい関係を築いて、結果的に自分がイライラしないためです。自分が望むなら相手を変えようとするのではなく、自分から変わるしかない！　結局、そうやって**良好な人間関係を築くことが僕自身をポジティブにさせる原動力**になっています。

Q 職場での業務以外のコミュニケーションが苦手です

仕事の会話はチャンスボールで返す！

A

僕は、公私のコミュニケーションを180度違う形でとらえています。どちらも「自分らしく」が基本ですが、仕事の場合、年齢や立場、価値観が異なる人とよい関係を築かなくてはならないぶん、工夫をしています。

仕事の会話はテニスの試合と同じ真剣勝負なのですが、仕事の場合は、相手を打ち負かすのではなく、**いかにスムーズに相手の心の中に入っていくかの勝負**です。よって、まず試合前に相手の情報を集めて分析し、準備する。たとえば、初めて会う人ならできる限り下調べをします。職場だったら普段からメンバーを観察する。**その人の関心のある話題や会話のクセ、どんな話し方をすると相手が心地いいか**を考えます。

その分析をもとに「相手の最も打ちやすいチャンスボール」を返していく。つまり**相手が主張しやすい会話を徹底して心がける**のです。相手がエースを決めてくれたらしめたもの！　仕事の成功という共通の目標がある場合、相手にとって心地いいコミュニケーションが結局自分の喜びにつながる、というのが僕の考え。過去の経験からも相手とスムーズに打ち解けられたときほど、いい仕事をやり遂げられたと実感しています。

一方、プライベートの友人関係では、とことん自分らしくあるがままでいるのが僕のスタンス。正直に言うと、全然マメではありません。だからこそ、自分で言うのもなんですが、仕事ではけっこう努力しています。

チャンスボールを返せるようになるまでにも時間がかかりました。そもそもテニスというのは、相手の最も嫌がるところにボールを打ち込んでいくスポーツ。僕はどこが相手の弱点かを知るのがメチャクチャ得意なんです。そしてそれを見つけて猛攻するのも大好き。そんなテニスとは真逆の戦術を身につけるまでには精神修行が必要でした。

自分が主役の「伝える」から、相手が主役の「聞く」にシフトチェンジして相手を理解する姿勢で会話すると、相手のリアクションが劇的に変わり、そこには相手によって自分をコントロールできる自分がいるはずです！

Q

職場で後輩のやる気を上げるにはどうすれば?

聞きまくって、待ちまくる先輩になれ!

A

他人のモチベーションは自分以上にやっかい! 僕も仕事をはじめジュニアの指導、子育てにおいて日々奮闘していますが、苦戦の連続です。

特に反省をするのが、自分の目線から相手に声をかけてしまったとき。相手の経験が浅い場合、できなくて当然なのに、禁断の言葉が出てしまう。

「どうしてできないの?」

「こうすればいいのに」

「もっとやる気を出してよ」

これは、僕が自分の失敗から発見した3大NGワード。後輩の立場からしてみると、「どうしてできないのかがわからない」「先に答えを出されるほどやる気が出なくなる」「もっと言われてももう精いっぱいやっているんです」という具合です。こんな上から目線の声かけでは永遠に後輩のモチベーションは上がりっこありません。でもつい言ってしまう（笑）。

僕は、**モチベーションは目標がない限りは出てこない**と思っています。ゆえに先輩の役目とは、後輩の目標を具体的に提示してあげること。そのためにまず大切にしているのが、**後輩の目線に立つべく、聞きまくる！** ジュニアの指導では、僕から何かを言うより、聞くほうが断然多い。自分と違う考え方をしている相手を知らないと、目標設定やアドバイスができませんから。失敗したときも、「どうしてできないの？」ではなく「今、どんな状況になってるの？」とひたすら聞く。後輩自身が答えることで、自分の行動を振り返る過程から失敗が力になると思うんです。

次に**心がけているのが待つこと**。相当イライラしますよ（笑）。決して答えを教えず、辛抱強く後輩が行動するのを待つのですから。もちろん指示を出すほうが簡単です。でも後輩が自分で考え、失敗を経験しながらも、成長を感じられることで初めてやる気が起きる、というのが僕の考え。**先輩は、寄り添い見守るのが基本スタンス**。余計な口出しは無用。まさに我慢の連続です。

他人のモチベーションアップは実に大仕事。僕もまだまだ道半ばです。

Q

人間関係がうまくいかず、心が折れそうです

ネガティブになったら心の中でストップ！を100回

A

プロツアー卒業後、スポーツキャスターやテニス解説など、仕事での人とのかかわりが増えたことで、さらに自分を励ます言葉が必要になりました。**人間関係が増えると、より心のコントロールが難しい**。今思うと、現役時代は今より楽だった。なぜなら自分一人の問題だから。試合に勝つために、厳しいトレーニングや試合の局面をいかに乗り越えて頑張るか。目標も結果もシンプルで明確だった。今は多くの人がかかわるプロジ

エクトの一員として動く日々。自分がよいと思うことが必ずしも正解ではないし、自分でコントロールできない要素も多い。

ついネガティブな思考によってエネルギーの無駄遣いをしてしまうことも。たとえば「あの人はこうだから……」と決めつけて自分を正当化したり、確かじゃないことまで勝手に想像して落ち込んだり。人には感情があるから、腹が立つのは自然なことなんです。でも**ネガティブ思考は、思うことで自分の中で絶対的な事実になって増幅していく**。だから僕はネガティブな気持ちが浮かんだ瞬間に、心の中で「ストップ！」と言うようにしています。僕はそんなにできた人間ではないので、大変な努力が必要です。100回以上言うこともあります。ストップだらけ（笑）。

腹が立ったり、衝突するときというのは、お互いが「自分の望む方向にもっていきたい」と思うから対立するわけです。だから「相手に自分の意見を伝える」「相手の意見を聞く」「そのうえでどうしたらいいかを考える」というプロセスが必要。でも感情が先走ると、冷静に向き合えなくなってしまう。そこから人間関係はこじれていくのでは、と僕は思います。

もちろん、「ストップ」と言ってもすぐに消え去るわけではありません。いくらでも出てくる。それだけ**人間はネガティブになりやすい生き物**なのです。でも出てくるたびにストップ。「ストップ！」は自分への脳内変換スイッチの言葉。腹が立っているんだけれど、その腹立ちをしずめていく。難しいけれど、自分で自分に**「ストップストップ」と言い続けて、強制的に冷静になる時間を持つことで、ものごとにより前向きに積極的にかかわることができています。**

Q

職場でチームのリーダーとして、どうあるべきか悩んでいます

A

リーダーは〝スーパーマン〟じゃなくていい!

ひと口にリーダーと言っても、会社のトップからチームの責任者までさまざまですが、僕もこれまでに数多く経験してきました。

たとえばテレビ番組やジュニアのテニス合宿では、スタッフの多くは専門家です。各分野で僕より仕事ができる人たちを前に、僕が求められるのは、メンバーのよさを生かしてどうまとめればチームとして強い力になるのかということ。大切にしてきたのは、

リーダーは〝スーパーマン〟じゃなくていいという感覚。**「リーダーだから完璧でなければいけない」ではなく、とにかく「皆の意見を聞いてまとめられているか」**ということに注力してきました。

まず、僕は**とことん意見を聞く**。そのためにミーティングのムードづくりを大事にしています。**どんな意見も否定しません**。第一声は必ず「それ、いいね」。反対意見も大歓迎。「なぜそう思うのか?」を具体的に引き出す。たとえば「なんとなく違う」「時代に合わない」といった感覚的な言葉の裏には、掘り下げるとアイデアの種が詰まっているんです。メンバーが本音を言い合えるチームほど面白い方向性が見えてくるし、話し合いの軸が定まるというのが僕の考え。一つ一つの意見を応用しながら前に進みたい!

まとめるときに心がけているのは、**感情と常識にしばられないこと**。僕はメンバーの話し方や態度など、仕事に関係ない人間性は年齢も含めてあまり重視しません。もちろん年上の方への尊敬の念や言葉遣いは大切ですが、基本的には仕事中心にロジカルに考えたい。そして「常識的にできない」より「どうすれば実現できるか」を重視しています。**チームをまとめるときに100%正しい答えはなかなか見つからない**場合が多い。壁となりがちな前例や常識にしばられず、あらゆる可能性や突破口を見極めたうえで、シンプルにチームの意志を実現する方向に向かって集中したい！

僕の中で**チームをまとめる感覚は、「心を一つにする」より「方向性をそろえる」**に近いですね。一人ひとりが個として輝くなかで、全体の方向性を合わせていけば、最高のチーム力を発揮できると考えています。

Q 職場に前向きすぎてミスが直らない後輩がいます

"ポジモン"は最強バディ！

A

仕事には強い前向きさが必要なときもある。僕がもし**一緒に働くならばネガティブモンスターよりも断然ポジティブモンスター＝ポジモンがいい！**　もちろん理解しづらい部分、変わってもらわなければいけない現実もあるでしょう。ただチームで仕事をするときに僕が心がけているのは、**否定せずうまく一人ひとりを活用すること**。そのためには一緒に乗り越えていく気持ち、**理解し合い学び合う姿勢が不可欠**です。

ポジティブモンスターさんをチームに生かすには、正しい仕事感覚を持ってもらうことがいちばん。そうすればムチャクチャ前向きなムードをチームにもたらしてくれるに違いありません。仕事において、正しい取り組みのなかでのブレない前向きさは最高の強みです。

まず僕ならば、後輩自身にミスが自分の責任であるとしっかりと認識してもらう方法を考えるでしょう。今、間違った前向きさを貫いている裏側には、**自分の現状や評価をきちんと理解できていない可能性がある**と思うんです。「自分の問題じゃない」と思っているかもしれない。

相手の性格によって伝え方はさまざまですが、「あなたの前向きさは素晴らしい。でも今はこういう結果になっているから、こうすればもっとできる」とまずは褒めながら説得してみては？　伝わらなければ「わかった、あなたのミスじゃないとしよう。じゃあこの仕事はどうしてこうなったんだろう？」と段階を踏みながら、自分の行動を自ら振り返ることで内省を促す。「自分が違う行動をとっていたらミスは生じなかった」と後輩が確実に納得するまで僕なら永遠に聞きます。そこは妥協しない。なぜなら**評価を**

正しく相手に伝えるのが先輩の役割だから。

このとき忘れてはならないのが、一緒に乗り越えるためにお互いのよさを認め合うコミュニケーションのトーンであること！　**異なるよさを持ったメンバーが尊重し合いコミュニケーションをとるからこそチームが進化する。**モンスター級の個性は可能性を秘めた起爆剤でもあると思います！

Q

自分より優秀な同僚がいてつい気になってしまいます

ライバルよ、いてくれてありがとう！

A

逆に、気になる同僚をライバルとして思い切り意識してみてはどうでしょう？　アスリートとしてこれまで多くのライバルと戦ってきた僕が断言します。**ライバルの存在は、自分を成長させてくれる大事な存在！**　ただ相手が自分の刺激になる半面、負けたときは悔しいし、自分にないものを持っていれば嫉妬が湧いてくるやっかいな面も持っています。

僕も最初はライバルの存在をうまくモチベーションの源にすることができませんでした。白状すると、ジュニア時代には試合でライバルと当たると、心の中で「ケガでもしてくれないかな」と思ったことも。もちろん口には出しませんよ（笑）。でも口に出さないからかえって嫉妬の気持ちが大きくなって余計に苦しくなった。なんだか人として、心のルール違反を犯している気がして落ち込みました。

結局たどり着いたのが、**ライバルに対して「存在してくれてありがとう」と思うこと**。感情はコントロールしようがないのでとりあえず形だけでも言ってみようという考え。わらにもすがる思いです。

最初は心の底からは思えなかったけれど、それからはライバルに対して「ありがとう、ありがとう、ありがとう」と、とにかく言い続けました。本気でそう思っているかは別にして、口に出す、もしくは心の中でずっと言っていると、気持ちが楽になるから不思議なものです。しかも「ありがとうと感謝する相手ということは、ライバルは自分にとって必要な人に違いない」と、ある意味**脳をだます**ことにもなるのです。すると脳の思考回路にも変化が。ライバルへの気持ちが「自分とは違ったこんなよさがある、そして自分にもこういうよさがある」という方向に、マイナスからプラスへ変わっていったのです。相手を意識するほどモチベーションが高まり、自分の強みやよさにも気づく、最強のポジティブ思考スパイラルに！

嫉妬からの出発であっても、とらえ方次第でモチベーションの源になり得る。そして、そのときに発する言葉次第で自分を成長させてくれる大きな力になるということです。

Q

自分ばかり仕事をまかされ損している気分です

“損してる”と思うことが損してる!

A

仕事をまかされるということは、周囲から認められ信頼されている証だと思います。

それを「得」と思わず「損」ととらえたらもったいない。もしかして考え方によって損をしているかもしれませんよ!

損していると思い込んでしまうと、まず**チームの心を一つにする和がくずれます。**仕事をするメンバーに対して、「この人たちと働いていると自分が損をする」と思いながら信頼関係を築くのは難しいですよね。さらに自分とメンバーを比べて「私のほうが頑張っている」と**自分の評価を求める気持ちが出てくるとメンバーとの心の距離がより離れ、態度に表れることでメンバーからも距離を置かれる**のではと心配です。

チーム内で、頑張っているあなたを見ている人は必ずいます。見方を変えれば、**チームのためにあなたが一所懸命貢献しているとメンバーが感じている今の状態は得している**ように僕には見えます。

テニスでいえば、チームはダブルスです。自分の頑張り＝自分の評価というシングルスと違い、ダブルスはお互いのために頑張る気持ちが最優先。実は、僕がジュニア合宿の指導で最も言うのが、「**ダブルスで、パートナーを敵にするな**」という言葉なんです。それだけ陥りやすいということでもありますね。

僕は今、チームで仕事をする際、プロテニスプレーヤー時代のシングルスとはまったく別の意識で取り組んでいます。「頑張れ修造」ではなく「みんなと一緒に修造」というイメージ。成功したらみんなと一緒に喜びを共有できるし、失敗してもみんながいるから気が楽。チームのために共通のゴールに向かって悔いを残さないよう話し合って、できることは全部トライ。失敗したらまずはその失敗を受け入れ、次に生かそうという感覚です。

たまには褒められたい気持ちもよくわかります。そんなときは心の中で大いに自分を褒めましょう。**コントロールできない周囲より、コントロールできる自分に意識を向け自己評価を上げる**と気持ちが楽になります。

Q

世代の違う後輩との距離感に悩んでいます

目指せ、追い風先輩！

A

干渉しすぎも、放置しすぎも禁物。後輩へのフォローの仕方や距離感は人によっても異なる悩ましい問題です。ただ、**指導係としていいなと思う僕のフォローのとらえ方は“追い風”**。フォローには“足りないところを補う”意味もありますが、“ゴルフで打球を追いやるように吹く風”という意味もあるのを知っていますか？　僕が**指導するときのモットーは、相手が考え自ら行動する背中をそっと押すこと**。どんなときも後輩が主体、先輩は距離を置いて追い風を送る役割だと思っています。

たとえば「どうすればいいですか？」と後輩に聞かれたとき「こうすればいい」と答えてしまうことはありませんか？　経験の差でわかることが多いですが、**すぐに答えを教えたり、代わりにやってしまうことは指導ではない**というのが僕の考え。なぜなら後輩自身が考えて行動しないと、成功しても経験や成長につながらないから。

僕はジュニアから何か質問されたとき決して答えを教えません。**「君はどうしたいの？」と逆質問して相手の考えを聞くのみ**。そして出てきた言葉を「……ということは、こういう選択やこういうチョイスがある。君ならどれを選ぶ？」と具体的な行動につながる選択肢を与える。たとえ選んだものが正しくなくても自分の意見は極力言わないように心がけています。「ジュニア自身が考え決断して失敗を繰り返してこそ、何かをつかんで成長するんだ」とグッと我慢して、聞き役に徹します。

アドバイスを伝える必要を感じたときは**一方通行メール**の出番。たとえば試合後に「これは一方通行メールだから絶対に返すな」と書いたうえで、僕が気づいたことを伝えることがあります。相手に考えてもらいたいときは双方向より一方向のコミュニケーションが有効な場合も多い。指導ではなく愛からですが（笑）、今でも錦織圭選手に送ることがあります。返信しなくちゃと相手に気をつかわせない面でも役立ちます。

後輩の背中に先輩が追い風を送るには**ある程度の距離感**が必要です。忍耐力が問われますが、**適度に離れているからこそいい追い風が送れる**のです！

Q 恋愛対象として見てもらうにはどうすればいいですか？

あるがまま自分らしく進め！

A 僕も学生時代、まったくモテなかった。明るくて楽しい人とは思われていたんですが、いい人だけれど恋愛対象外的な存在でした（笑）。

そんな僕がどうやって恋愛・結婚したか？　を恥ずかしながら振り返りたいと思います。実は、**自分を変えたわけじゃない**んです。プライベートな人間関係は、そのままの自分がいて自然に発展していくものだし、出会いってそんなに簡単にあるものじゃないとも思っていました。モテモテの人生ではなかったけれど、そのうちに**そのままの僕を**

恋愛対象として見てくれる人が現れ、そして妻とも出会えた。

もちろんただ待てばいいと言うつもりはありません。ただ、**焦る必要もない**と言いたい。恋愛の難しい点は、出会いがゴールじゃないところにあると思うんです。成就するのは奇跡に近いし、その先の方がもっと長い！　結婚生活は山あり谷あり、想定外の連続。そう考えると、**自分を偽らず〝あるがままの自分〟でいられない相手とは、恋愛も結婚も続けるのが難しい**。今モテるかどうかよりも、自分らしくいられる相手と出会えるかどうかが大事。自分らしさを出さずに我慢を重ねるより、ありのままの自分を出して受け入れてもらえなければ別れたほうがまだいいと思います。そうしたら「この人とはそもそも合わなかったんだ」と後悔せずにすむから。

加えて、僕の個人的な意見ですが、今は昔と違って多様な時代。だからなにごとも、こうあるべき、と気にしすぎなくてもいいんじゃないかな？　たとえば、苦手なことがあってもそれはまかせとけっていうパートナーもいると思いますし、**自分らしい姿がさらに魅力的に映る**かもしれない。

自分のことを棚に上げてつい熱く先輩面で語ってしまい、妻に叱られそうですね（笑）。あるがままの自分で話し合い、ときにはケンカもする。それを全部含めて僕は楽しんでいます。結局、**恋愛や結婚に限らず自分らしくいい人間関係をつくっていくことは、自分の人間力を磨くこと**。人生にムダな時間はありません。モテなかった学生時代、友人に楽しんでもらったコミュニケーション力は、今の仕事にも大いに役立っています！

Q

恋愛や結婚をしたいのに、最初の一歩が踏み出せません

自分のペースを乱されるのが結婚だ！

A

はっきり言いますけれど、結婚は超面倒くさいです。

僕は結婚してとても幸せです。でも独身のときのほうが気楽だったことは確か。こんなはずじゃなかった、と自分の思いどおりにならないことの連続ですから。そういう意味では**結婚は僕にとって修行**でもあります。だからこそ面白いんですけどね。結婚を通して、心を一人前に成長させてもらっているというか。自分のペースをなかなか保てな

いのが家庭、家族。**誰かと一緒に生きていくということは、こんなに自分よりも相手のことを考えなくてはいけないのか**と日々痛感し、自分の未熟さを思い知る。それを乗り越えて、仕事も頑張ることが結婚して生きていくということなんだと僕なりに理解しています。面倒くさいなと思ったら心を落ち着けて反省し、家庭を通して僕は成長させてもらっているんだと思い出し感謝する。その繰り返しです。

だからもし本気で恋愛や結婚をしたいと思っていて、会社や日常生活の中で相手がいないのであれば、出会いを求めて積極的に表に出るしかない。そして動いたときには、何かの出会いがあるんじゃないでしょうか。ただそれには覚悟が必要ですよ。自分のペースを乱される覚悟が。

まずは結婚したいと思う相手をしっかり見つけることから。**この人と人生を歩んでいくんだと自分が思える相手であれば、多少自分のペースが乱されてもあまり気にならないんじゃないかな。**自分のペースが乱される一方で、自分だけじゃなくて相手も同じ思いをしているということもお忘れなく。結婚とはお互いを気づかい思いやって成り立つものだから、多少のことはお互いに我慢しなくては、です。

つい熱く語ってしまいましたが、とにかく**結婚は自分のペースが乱される、でもその****ぶん自分を成長させてくれる**のは間違いない。この両方がセットだというのが僕の持論。

だからぜひ面倒くさいことも含めて「結婚とはそういうものだ」と感じながら、存分に婚活を楽しんでください！

Q 既婚の上司を好きになってしまい、困っています

NO FEELINGな視点を持つ!!

A

まずハッキリ言っておきます。**上司への気持ちは100％絶対NO！　相手が結婚しているんだから**。どんな事情があろうとNO。そしてダメなものは早くあきらめたほうがいい。実際に何かが起こらなくても、時間がたつほど空想の中で上司を好きな気持ちが増しそうで心配です。

その上司のことをどのくらい知っていますか？　僕を例に出すと、メディアの中では前向きで一所懸命応援するイメージがあるかもしれません。でも家庭では妻に迷惑ばか

りかけ、仕事ではマネージャーから叱られる日常です。現実はイメージと全然違う(笑)。それに早く気づけるといいなと思います。気づかない時間がもったいない!

とお説教モードで言われても、いきなり気持ちを抑えるのは難しいですよね。ならばどうやって心をコントロールするか? **僕は気持ちを切り替えたいとき、まず視点を変えてみる**。特に雑念を払いたいときは〝NO FEELING=感じない視点〟を意識的に持つ。主観的な視点から離れることでものごとを客観的にとらえることができるんです。視野が広がり、思考が変わる。たとえば上司の嫌いなところを探す視点を持つのはどうでしょう? 好きな人にはあえてじゃない限りそんな視点は持たないと思いますが、家庭でどういう男性なのか? 冷静な視点を持つと見る目が変わるかもしれませんよ。

視点を変えることで視野を広げられると、目の前にある言葉やものごとだけにとらわれることなく、多くの情報をつかむことができると思います。上司をはじめその周囲の動きを冷静にキャッチしながら仕事に取り組めると、より会社全体の空気を敏感に感じ取れるようになるメリットも。そうしたら今までと違った仕事の姿が見えてきて、仕事の面白さがアップすることだってあるかもしれません。

まずは、新たな視点を持ち、気持ちをクールダウンさせる。そのうえで、**仕事で輝いている自分を上司に見せつつ、プライベートでは上司以外のいい人を見つける。**これが最高のかたちじゃないでしょうか。

Q

古い人間関係にとらわれ、新しい出会いがありません

正しいNOの先に運命の出会いがある!!

A

世界のトップテニスプレーヤーとして活躍する錦織圭選手。彼には弱点克服につながる運命の出会いと、そのための大きな決断がありました。

僕が圭と出会ったのは、彼が11歳のとき。彼のテニスはそのころから世界のトップレベル。でも最高のテニスを持っているにもかかわらず、自分の中に越えられない壁が立ちはだかっていたのです。

その壁を壊すターニングポイントとなったのが現在のマイケル・チャンコーチとの出会い。そして、その**出会いを引き寄せたのが圭のNOと言った決断力**でした。それは、当時の圭のコーチだったブラッド・ギルバート氏との契約を継続しなかったこと。ブラッド・ギルバートといえば世界的に有名な指導者です。最初、このコーチの就任を知ったとき、僕も含めて周囲は二人が最高のタッグになるに違いないと思っていた。でもどうやら圭にとっては違ったんです。ギルバート氏は典型的なアメリカ人タイプ。社交的で人前に出ていくスタイルに対して、戦略面では尊敬しつつも自分には合わないと感じ、圭は契約を終了しました。簡単に言いますが、これは相当な決断だったと思います。そのころの圭のランキングは今ほど上位じゃないですから。でもその決断のおかげで、圭はマイケル・チャン氏と出会い、体力面とメンタル面の強化に成功。試合の様子やスピーチを聞いて、これだけ人は変われるのかと出会いの大切さを再認識しましたね。

誤解しないでいただきたいのですが、ただやみくもにNOと言うことが素晴らしいと言っているわけではありません。**自分にとって必要な出会いを取捨選択した圭の決断力**

が素晴らしいということです。そこには世の中の価値観や、有利な条件は関係ありません。それらを切り捨て、ＮＯと言えるか、そして大事なのは、自分が何をしたいのか？　自分に必要なものは何か？　を見極めること。**ＮＯと言うことには責任が伴うので、周囲に惑わされない自分を知る力も必要不可欠**です。そういった意味でも圭の決断力はすごい！　出会いの取捨選択において、すべての人に通ずる学びではないかと思います。

Q 最近友人とのつきあいを億劫に感じてしまいます

友人関係はMUSTではなくWANTで!!

A

年齢を重ねるごとに友人も自分も変わっていきますよね。会える時間帯ひとつとっても違うし、話が合わなくなってくることもあって当然です。でも、僕に言わせるとそもそも人と交流するために頑張る必要があるのかなと思うんですけれど……。

もちろん仕事の人間関係ならば、少々の我慢や譲歩、気づかいも必要ですよ。でも**友達はプライベートな関係だから、そもそも「保つ」ことを目的につくる関係じゃない！**

無理をするから負担が生じるのではないでしょうか？

どうしても不安ならば、とにかく友達とつながっておくという点でＳＮＳなどが有効なのかもしれません。でも複数の人が同時に見るものなので、本音をどこまで語れるかは未知数。僕は実際にやっていないのであくまで想像ですけれど、自分が投稿した記事に「いいね！」が返ってこないと不安になったり、相手に気をつかって「いいね！」を押したりして、かえって気疲れしてしまうおそれも。それはマスト系になっている証拠です。マスト系とは「ＭＵＳＴ＝しなくてはならない」という意味。**友人関係は、マストではなく「ＷＡＮＴ＝自分がしたいからする」が基本**だと僕は思っています。

そうは言っても、今まで友人関係を続けてきたつきあいの歴史もあるし、友達が少ないと寂しい人と思われるかもしれない。なかなか悩ましいですよね。実際に今の僕の真の友達は一人か二人。もしかしたら端から見たら、「松岡さんは寂しい人ですね」って言われるかもしれません（笑）。でも僕にとって**友達とは、心を支えてくれるかどうか、信じてくれるかどうかで決まる**。こいつは何をしようが僕のことを信じてくれる、最悪のときもこいつなら助けてくれるだろうなって思える人が友達だったら人数なんて関係ない、そう思っています。

僕が連絡するのは自分がしたいからする、ただそれだけ。そこにあるのは常に「あるがまま」の心です。よって友人関係を保つために無理して頑張る必要はなし。それで嫌われたとしても、合わないいんだから仕方がない。それくらいの精神でいきましょう!

Q

部下がネガティブ思考で、何を言っても否定的です

A

ネガティブはポジティブだ！

最初からポジティブじゃなくていい！　ネガティブな言葉が出るときって、僕もそうですが「できない、無理だ」と思っていても、その裏には「でもこうなりたい」と何か一つは前向きな思いがあると思うんです。**どんなにネガティブな人と話していても、話の最後まで後ろ向きのまま終わる人に、僕自身を含めて僕は今まで一回も会ったことがありません。**だからネガティブな言葉を否定する必要はないと考えます。

たとえばフィギュアスケートの宇野昌磨《うのしょうま》選手。彼のインタビューでは驚くほどネガテ

ィブな発言が飛び出すことがあります。「修造さん、僕は自分が嫌になるくらい消極的です」とか「自分に自信が持てなくて、ジャンプなんか絶対跳べないと思うんですよ」と言うんです。ところが聞いていくうちに「絶対4回転決めたいんです」と急に言い始める（笑）。聞いている僕は「昌磨さんはどっちなの？　今の言葉ポジティブに聞こえない？」と思うことも。ネガティブな思いを滝のように出したあとにポジティブな思いを語る彼を見ていて、**ネガティブなことを言う人ほど、今よりよくなりたい気持ちがあるのかもしれない**と感じます。いわばネガティブとポジティブはワンセット！

だからもしも僕が誰かに何かをお願いしたときに「難しい」「できない」と言われたら、真剣に向き合っているんだなととらえて「どの点が難しいと思いますか？」と聞くでしょう。相手の話をよく聞く前に「なんでそんなネガティブなことを言うの？」「できる！　できるって信じなさい！」というのはポジティブの押し売りです（笑）。「そうですよね。大変ですよね」と〝ネガティブ出し〟とでもいうんでしょうか、一度とことんネガティブな話を聞いて、全部出し尽くしたあとに、「それでどうしましょうか？」

と聞くと案外ポジティブな言葉が出てくるかもしれません。

最初からポジティブな人は神様がくれた才能だと僕は思っています。僕はその才能がないぶん、常にネガティブからのポジティブ修造です！

おわりに

ネガティブな人って、人間味がありますよね。ネガティブから抜け出そうとしている人はさらに魅力的だと思います。ネガティブな人が前向きになろうとしている姿は、頑張っていて、生き生き輝いているように僕には見えるんです。

僕は今、スポーツキャスターやテニスの指導・解説をしていますが、学生時代に今の仕事にかかわる大きなネガティブ経験をしました。僕は小学校から国語の音読が苦手だったのですが、高校になっても人前でうまく話すことができず、国語の授業で全員一人ずつ30分スピーチをする課題が出たときに、極度に緊張し、言葉がまとまらず、焦ってわけがわからなくなり、たった2分で終わり退散してしまったんです。今思い出してもとても嫌な思い出です。

でも、そのとき**「変わりたい、このままじゃ嫌だ」と強く思った。**

なぜほかの人はうまく話せるんだろう、僕は話すことが好きなのになぜ話せないんだろうと悩み考え、ほかの人の話を一所懸命聞いたり、本を読んで、勉強しました。ネガティブな経験があったからこそ大きな気づきにつながったのです。人って、**気づけば変わることでも、きっかけがないと気づかないままのことも多い**。だからこの経験が自分には大きかった。

「変わりたい」「うまく話したい」という心の声に従い突き進むためには、「できない」「無理だ」というネガティブワードを消すためにポジティブに考え、行動を変えるしかありませんでした。今も、このときと同じように日々ネガティブから出発し、ポジティブに変換する繰り返しの中で生きています。

僕はこれからも一生ネガティブから抜け出せないでしょう。きっと死ぬまでネガティブ思考です。でもネガティブのまま終わることのないように、**ネガティブを生かしてポジティブに生きていきたい！**

最後まで読んでいただきありがとうございました。

松岡修造

文庫版に寄せて

女性誌「BAILA」にて、2012年より連載していたコラムをまとめるかたちで刊行された単行本が、このたび装いを新たに文庫化されることになりました。

皆さんから寄せられた悩みに答えた10年間を振り返って感じるのは、「皆さんと悩みや不安を共有でき、応援しあえた」という思い。それが今の僕の大きな力になっています。どの悩みからも人間らしさが伝わってきて共感しました。この本では、僕がこれまで実践してきたメンタルトレーニングや取材したアスリートの言葉を参考にしながら、**僕だったらどうするか**というアイデアやヒントになるような経験を共有しています。

もともとネガティブ思考でメンタルが弱い僕は、これまでさまざまな言葉によって自分を鼓舞し続けてきました。**言葉の力は本当に大きい**。自分の発する言葉は、どんどん心と体に染み込んでいって、自分の思考や行動、生き方につながっていくと感じています。

今年2月に開催された北京オリンピックでも、たくさんの言葉に出会いました。まず、フィギュアスケートの羽生結弦選手。オリンピック3連覇を目指し、前人未到の4回転半ジャンプ（クワッドアクセル）に挑む姿に大きな感動をもらいました。惜しくもジャンプの成功には至りませんでしたが、僕の心に残っているのは、世界中のメディアを前にした記者会見の後に、インタビューをさせてもらったときの言葉です。命を削る思いで挑んできたジャンプについて、彼は「今までやってきたことは無駄だった」と言い切った。そして、「結果取れなかったら無駄だと思います。でも羽生結弦としての誇りはつかみました」と。僕は、あえて「無駄だった」と言い切った彼に、チャンピオンとしての誇りを感じました。羽生さんがアスリートとして今まで築きあげてきた自身の道をまっすぐ貫き通すために発した、羽生さんならではの表現だったように思います。それはすべての人にあてはまるものではなくて、自分が自分であるための言葉であり、自身を前向きに持っていく表現。僕は彼に長くインタビューをさせてもらっていますが、今大会は、羽生さんが羽生さんという人間を追い求めていく、自分自身にチャレンジしているオリンピックなのだとより強く感じました。対相手や対環境という要素はありますが、そういったものを超えたところで、**すべて対自分に戻ってくると教えてもらった気がします。**

次に、スピードスケートの髙木美帆《たかぎみほ》選手。髙木さんは、短距離から長距離までの4つの個人種目と団体パシュートの合わせて5種目に出場。500メートルと1500メートル、団体パシュートで銀メダルを、1000メートルでは金メダルを獲得しました。僕は、5種目にエントリーする次元を超えたチャレンジについて、大会前に「金メダルを目指すのであれば種目を絞ったほうがいいんじゃないですか?」と髙木さんに質問したことがありました。そうしたら「どうしてそう言い切れるんですか?」と少し納得がいかない表情で答えてくれたのを覚えています。その思いの根底には、彼女がとても大事にしていたヨハン・デビットコーチの言葉がありました。「同じ人間ができているのに、何で自分ができるとは思わないのか」。**人間には可能性があるというところから彼女の挑戦は始まったわけです。**ただその一方で、今大会に挑むなかで、怖さや迷い、結果が出ない、頭が真っ白になる、自分を疑うなどさまざまなマイナス要素と対峙《たいじ》しているようにも見えました。その上で金メダル獲得後のインタビューで印象的だったのが、「一人じゃ強くなれない」「弱さを出すことは悪いことじゃない」と語っていたこと。周りのサポートへの感謝、そして弱さを見せてもいい、**弱さから強さが出てくる**と気づいたことが、オリンピックレコードでの金メダルにつながったんだと思いました。

最後に、同じくスピードスケートの小平奈緒《こだいらなお》選手。彼女は、今大会に向けて自分の体の壁と平昌《ピョンチャン》オリンピックで金メダルを獲ったからこその壁にぶつかっていました。ただ、彼女がすごいのは、その壁が「人生を豊かにしてくれた」と表現していたことです。

「自分の体が以前のように動かなくなってきていると気づくなかで、自分の体と話し合い、体を改善していく過程が楽しかった」と。小平さんの心の奥行きの深さを感じましたが、そう思えるまでに至ったきっかけには、19年10月に長野で台風19号の災害があったときに参加したボランティア活動がありました。平昌オリンピックで金メダルを獲った後、「金メダリストとして強い小平奈緒で居続けなければいけない」と意識し過ぎて、自分の殻に閉じこもりがちになっていた時期があったという小平さん。そんな彼女が自らボランティアに参加し、地域の人たちと共に働いた経験を通して、「勝っている小平奈緒も負けている小平奈緒も受け入れてくれることがわかった」「自分はありのままでいいんだ」と気づけた。北京大会で奈緒さんが闘う姿、勝ち負けを超えたひたむきに頑張る姿は、多くの人から応援され、多くの人に勇気を与えていました。**自分一人で頑張る必要はなくて、応援してくれる人の力も借りながら、自分が頑張ることでお互いに応援しあえる。**応援にはそういう共有する力があるということに改めて気づかせてもらいました。

こうしたアスリートの姿や言葉に注目すると、メンタルの強いオリンピック選手だからできることなのではと思う人がいるかもしれません。でも多くの選手に取材をさせてもらっている僕の正直な気持ちを言うと、みんな挫折を経験し悩んでいて、その苦しみが強ければ強い人ほど、強い選手でありトップアスリートであるという気がします。メンタルコントロールに長《た》けているというよりも、まさに自分の弱さと真正面から向き合っている感覚。だからトップアスリートは特別であるというとらえ方よりも、取り組んでいる内容が特化しているのでわかりやすく、最先端のメンタルコントロールを学んでいる人が多いという面でも参考になることが多いと僕自身はとらえています。そして、皆さん自身が継続してそこから取り入れられる要素をうまく生活のなかに共有していけばいいのではないでしょうか。

最後に、僕は悩んだり不安を感じたりすることが悪いとは思っていません。ネガティブな状況のなかには、自分が変われるきっかけが隠れています。悩むからこそ気づくことや自分を変えてみようと思えることがあるし、小さなことを喜びに変える力が生まれることもある。それは生きていく上ですごく素敵なことだと思っています。**とらえ方を変えることで心が軽くなり、前向きな変化も現れてくる。**この本では、ネガティブから抜け出す僕なりの方法を伝えていますが、皆さんに合った方法を見つけるきっかけになってくれたらうれしいです。

弱さがあってもいい。逃げてもいい。**大切なのは、ありのままの自分でいることです。**自分と同じ人間は一人もいないからこそ、自分自身をより大事にしていく。やりたいことは何なのか、自分の心の声を大切にしながら、限界まで挑んでいる人ってかっこいいんですよ。そういうチャレンジを見るたびに、成功するしないにかかわらず、僕はプラスの力や勇気をもらっています。

そのイメージは、僕のなかで北京オリンピックの開会式で見た聖火と重なります。最終走者が運んだトーチの小さな炎が、そのまま聖火台の炎になっていった。それを見た瞬間、僕は「あの小さな炎は僕自身だ」と感じたんです。一人ひとりの小さな炎が聖火台の大きな炎になっていくように、自分の想いを大事にすることによって、周囲の人とのつながりも豊かになっていくような気がしています。

この本を通して、まずはより自分を好きになって、大事にできるようになってもらえたら、こんなに幸せなことはありません。それが最終的には周りの人たちへの応援や、ポジティブなパワーを伝えることにつながれば最高です。僕は、ネガティブをポジティブに変換して頑張る皆さんを応援しています！

松岡修造

本書は、二〇二〇年四月、集英社より刊行された『ネガティブが人を強くする！　修造流　脳内変換術』を改題し加筆修正したものです。

初出　「ＢＡＩＬＡ」二〇一二年九月号～二〇二〇年二月号

本文デザイン　ａｆｔｅｒｇｌｏｗ
撮影　中野義樹
スタイリスト　中原正登（ＦＯＵＲＴＥＥＮ）
ヘア＆メイク　大和田一美（ＡＰＲＥＡ）
構成　佐久間知子

集英社文庫　目録（日本文学）

集英社文庫 目録（日本文学）

集英社文庫　目録（日本文学）

宮木あや子　雨の塔
宮木あや子　太陽の庭
宮木あや子　喉の奥なら傷ついてもばれない
宮城公博　外道クライマー
宮城谷昌光　青雲はるかに(上)(下)
宮子あずさ　看護婦だからできること
宮子あずさ　看護婦だからできることII
宮子あずさ　老親《ろうしん》の看《み》かた、私の老い方
宮子あずさ　ナースな言葉　こっそり教える看護の極意
宮子あずさ　ナース主義！
宮子あずさ　卵の腕まくり　看護婦だからできることIII
宮沢賢治　銀河鉄道の夜
宮沢賢治　注文の多い料理店
宮下奈都　太陽のパスタ、豆のスープ
宮下奈都　窓の向こうのガーシュウィン
宮田珠己　ジェットコースターにもほどがある

宮田珠己　だいたい四国八十八ヶ所
宮部みゆき　地下街の雨
宮部みゆき　R.P.G.
宮部みゆき　ここはボツコニアン 1
宮部みゆき　ここはボツコニアン 2　魔王がいた街
宮部みゆき　ここはボツコニアン 3　二軍三国志
宮部みゆき　ここはボツコニアン 4　ほらホラHorrorの村
宮部みゆき　ここはボツコニアン 5 FINAL　ためらいの迷宮
宮本輝　焚火の終わり(上)(下)
宮本輝　海岸列車(上)(下)
宮本輝　水のかたち(上)(下)
宮本輝　いのちの姿　完全版
宮本輝　田園発　港行き自転車(上)(下)
宮本輝　草花たちの静かな誓い
宮本昌孝　藩校早春賦
宮本昌孝　夏雲あがれ(上)(下)

宮本昌孝　みならい忍法帖　入門篇
宮本昌孝　みならい忍法帖　応用篇
深志美由紀　怖い話を集めたら　連鎖怪談
三好昌子　朱花の恋　易学者・新井白蛾奇譚
三好徹　興亡三国志一〜五
三好徹　戦士の賦　土方歳三の生と死(上)(下)
美輪明宏　乙女の教室
武者小路実篤　友情・初恋
村上通哉　うつくしい人　東山魁夷
村上龍　テニスボーイの憂鬱(上)(下)
村上龍　ニューヨーク・シティ・マラソン
村上龍　ラッフルズホテル
村上龍　すべての男は消耗品である
村上龍　龍言飛語
村上龍　エクスタシー
村上龍　昭和歌謡大全集

集英社文庫　目録（日本文学）

村上　龍　KYOKO
村上　龍　はじめての夜　二度目の夜　最後の夜
村上　龍　メランコリア
村上　龍・中田英寿　文体とパスの精度
村上　龍　タナトス
村上　龍　2days 4girls
村上　龍　69 sixty nine
村田沙耶香　ハコブネ
村山由佳　天使の卵　エンジェルス・エッグ
村山由佳　BAD KIDS
村山由佳　もう一度デジャ・ヴ
村山由佳　野生の風
村山由佳　きみのためにできること
村山由佳　キスまでの距離　おいしいコーヒーのいれ方Ⅰ
村山由佳　青のフェルマータ
村山由佳　僕らの夏　おいしいコーヒーのいれ方Ⅱ

村山由佳　彼女の朝　おいしいコーヒーのいれ方Ⅲ
村山由佳　翼　cry for the moon
村山由佳　雪の降る音　おいしいコーヒーのいれ方Ⅳ
村山由佳　緑の午後　おいしいコーヒーのいれ方Ⅴ
村山由佳　海を抱く　BAD KIDS
村山由佳　遠い背中　おいしいコーヒーのいれ方Ⅵ
村山由佳　夜明けまで1《ワン》マイル　somebody loves you
村山由佳　坂の途中　おいしいコーヒーのいれ方Ⅶ
村山由佳　優しい秘密　おいしいコーヒーのいれ方Ⅷ
村山由佳　聞きたい言葉　おいしいコーヒーのいれ方Ⅸ
村山由佳　天使の梯子
村山由佳　夢のあとさき　おいしいコーヒーのいれ方Ⅹ
村山由佳　ヘヴンリー・ブルー
村山由佳　蜂蜜色の瞳　おいしいコーヒーのいれ方 Second Season Ⅰ
村山由佳　明日の約束　おいしいコーヒーのいれ方 Second Season Ⅱ
村山由佳　約束　―村山由佳の絵のない絵本―

村山由佳　消せない告白　おいしいコーヒーのいれ方 Second Season Ⅲ
村山由佳　凍える月　おいしいコーヒーのいれ方 Second Season Ⅳ
村山由佳　雲の果て　おいしいコーヒーのいれ方 Second Season Ⅴ
村山由佳　彼方の声　おいしいコーヒーのいれ方 Second Season Ⅵ
村山由佳　遥かなる水の音
村山由佳　記憶の海　おいしいコーヒーのいれ方 Second Season Ⅶ
村山由佳　地図のない旅　おいしいコーヒーのいれ方 Second Season Ⅷ
村山由佳　放蕩記
村山由佳　天使の柩
村山由佳　La Vie en Rose　ラヴィアンローズ
村山由佳　ありふれた祈り　おいしいコーヒーのいれ方 Second Season Ⅸ
村山由佳　猫がいなけりゃ息もできない
村山由佳　晴れときどき猫背　そして、もみじへ
村山由佳　てのひらの未来　おいしいコーヒーのいれ方 Second Season：アナザーストーリー
群ようこ　トラちゃん
群ようこ　姉の結婚

集英社文庫　目録（日本文学）

群ようこ　でも女
群ようこ　トラブルクッキング
群ようこ　働く女
群ようこ　きもの365日
群ようこ　小美代姐《こみよねえ》さん花乱万丈《からんばんじょう》
群ようこ　ひとりの女
群ようこ　小美代姐さん愛縁奇縁
群ようこ　小福歳時記
群ようこ　母のはなし
群ようこ　衣もろもろ
群ようこ　衣にちにち
群ようこ　ほどほど快適生活百科
群ようこ　しない。
室井佑月　血《あか》い花《はな》
室井佑月　作家の花道
室井佑月　ああ～ん、あんあん

室井佑月　ドラゴンフライ
室井佑月　ラブ ゴーゴー
室井佑月　ラブ ファイアー
タカコ・半沢・メロジー　もっとトマトで美食同源！
毛利志生子　風の王国
茂木健一郎　ピンチに勝てる脳
百舌涼一　生協のルイーダさん　あるバイトの物語
百舌涼一　中退サークル
持地佑季子　クジラは歌をうたう
持地佑季子　七月七日のペトリコール
望月諒子　神の手
望月諒子　腐葉土
望月諒子　田崎教授の死を巡る　桜子准教授の考察
望月諒子　鱈《たら》目《め》講師の恋と呪殺。　桜子准教授の考察
森絵都　永遠の出口
森絵都　ショート・トリップ

森絵都　屋久島ジュウソウ
森絵都　みかづき
森鷗外　舞姫
森鷗外　高瀬舟
森達也　A3《エースリー》(上)(下)
森博嗣　墜ちていく僕たち
森博嗣　工作少年の日々
森博嗣　ゾラ・一撃・さようなら　Zola with a Blow and Goodbye
森博嗣　暗闇・キッス・それだけで　Only the Darkness or Her Kiss
森まゆみ　寺暮らし
森まゆみ　その日暮らし
森まゆみ　旅暮らし
森まゆみ　貧楽暮らし
森まゆみ　女三人のシベリア鉄道
森まゆみ　いで湯暮らし
森まゆみ　『青鞜』の冒険　女が集まって雑誌をつくるということ

集英社文庫　目録（日本文学）

S 集英社文庫

教《おし》えて、修造先生《しゅうぞうせんせい》！ 心《こころ》が軽《かる》くなる87のことば

2022年6月25日 第1刷 定価はカバーに表示してあります。

著 者 松岡修造《まつおかしゅうぞう》

発行者 徳永 真

発行所 株式会社 集英社

東京都千代田区一ツ橋2-5-10 〒101-8050

電話 【編集部】03-3230-6095

【読者係】03-3230-6080

【販売部】03-3230-6393(書店専用)

印 刷 大日本印刷株式会社

製 本 大日本印刷株式会社

フォーマットデザイン アリヤマデザインストア マークデザイン 居山浩二

ISBN978-4-08-744403-2 C0195